应用型高等教育财经类专业“十三五”规划教材

# 市场营销学

吴楚媛　主　编
罗　明　旷虎兵　副主编

上海财经大学出版社

**图书在版编目(CIP)数据**

市场营销学/吴楚媛主编．一上海：上海财经大学出版社，2018.5

(应用型高等教育财经类专业“十三五”规划教材)

ISBN 978-7-5642-2993-1/F・2993

Ⅰ.①市… Ⅱ.①吴… Ⅲ.①市场营销学-高等学校-教材

Ⅳ.①F713.50

中国版本图书馆 CIP 数据核字(2018)第 081296 号

□ 责任编辑　徐　超

□ 联系邮箱：1050102606@qq.com

□ 封面设计　张克瑶

SHICHANG YINGXIAO XUE

**市 场 营 销 学**

吴楚媛　主　编

罗　明　旷虎兵　副主编

---

上海财经大学出版社出版发行

(上海市中山北一路 369 号　邮编 200083)

网　　址：http://www.sufep.com

电子邮箱：webmaster @ sufep.com

全国新华书店经销

上海华教印务有限公司印刷装订

2018 年 5 月第 1 版　2018 年 5 月第 1 次印刷

---

787mm×1092mm　1/16　9.75 印张　250 千字

印数：0 001—3 000　定价：36.00 元

# 前　言

市场营销学是20世纪初伴随着美国市场经济发展出现的一门管理学科，用以识别人们尚未获得满足的需要和欲望，据此选择目标市场，确立市场所需的产品和服务。"市场营销学"是一门实践性很强的应用性学科，本书紧紧围绕营销的核心任务与方法，形成了较为系统而严密的营销理论与方法体系，力求使教材具有科学性、实用性与前瞻性。本书突出应用型高等教育的实用性、技能性、能力性。明确教学目标、内容、能力要求、技能要求，加强了实训教学，通过发现问题、分析问题、解决问题能力的技术和方法的学习，强化营销实践性，每章课程都有制定营销方案的实训项目，以期达到教育教学的效果。

《市场营销学》在结构上力求创新。全书分为10章。第一章，市场营销概述；第二章，营销环境分析；第三章，市场调研与预测；第四章，市场细分和目标市场；第五章，产品策略；第六章，产品的品牌与包装策略；第七章，价格策略；第八章，分销策略；第九章，促销策略；第十章，网络营销。通过教育教学，培养学生具有全面而敏锐的信息收集及分析判断能力，具有较强的创新应变能力、组织能力、口头表达能力以及心理承受能力。

本书由湖北文理学院理工学院吴楚媛主编，其中第二章和第三章由罗明老师编写，第一章和第四章由旷虎兵老师编写。在撰写过程中，参考了大量的相关书籍、教材、著作、网站，在此向这些作者表示衷心感谢！由于编者水平有限，加之编写任务时间仓促，书中不妥之处难免，敬请读者批评指正。

编　者

2018年3月

# 目　录

# 第一章　市场营销概述

**【知识目标】**

1. 了解市场营销的发展；
2. 掌握市场营销的相关概念；
3. 运用掌握的理论对经典案例进行分析。

**【能力目标】**

1. 能够表述市场营销的主要内容；
2. 能够进行商品推销。

**【导入案例】**

### 珠宝店老板阿兰佩里赚钱的诀窍

阿兰佩里是美国北卡州威明顿一家小珠宝店的老板。2010年冬天，他推出了一个很有趣的促销活动：如果在感恩节之后的2个星期里，你在店里买了珠宝，圣诞节当天，假如北卡州的一个小镇阿什维尔（距离威明顿500公里左右）下雪超过3英寸，珠宝自己留着，钱全退，全退！这个消息一下子就在附近传开了，甚至阿什维尔的当地居民也专门驱车500多公里来这家珠宝店买珠宝，一时间门庭若市，销售大涨！

结果圣诞节当天，极少下雪的阿什维尔竟然下了6英寸的厚雪，小店前排满了申请全额退款的人。阿兰佩里二话没说，珠宝保留，全额退款，当天退了40多万美元。看到这里你以为阿兰佩里是不是失算了？不是，因为这位老板根据自己那段时间的销售额早已购买了天气保险。

这种保险方式原本是要让一些“靠天吃饭”的商家使用的，比如卖伞的小店主，每个月要下15天以上的雨才能获利。阿婆可买一份（15天以上会下雨）的保单，假如真的下雨不超过15日，就会获赔一笔足以平摊她生意损失的费用。这位老板充分利用这种气象保险，借助其极富传播力的趣味活动，绕开了打折送赠品之类的老套促销手段，达到了提升销售、提升知名度的目的。这位老板还搞出了“结婚当天如果下雨，婚戒免费”等活动，都有效地提升了销售，并未降低利润率。

**案例点评**:金银首饰珠宝这种同质化竞争很激烈的产品,这位阿兰佩里先生通过保险对冲了风险。

**思考**:当前,同样竞争激烈的手机产品,除了老套的打折、送贴膜等赠品的营销方式外,还有其他新颖的销售方式吗?

# 第一节 市场营销相关概念

## 一、市场营销的概念

市场营销学是由英语单词“marketing”翻译过来的。关于“marketing”的翻译,中文有市场学、销售学、营销学等多种译法。考虑到从静态和动态结合上,翻译为市场营销学比较合适。那么什么是市场营销学?长期以来,人们仅仅把市场营销理解为推销。其实,推销只是市场营销的一部分,通常还不是其重要的功能。

市场营销是一个动态的概念,近几十年来,西方学者从不同角度阐释了市场营销,归纳起来大概有三种分类:把市场营销看作为消费者服务的一种理论;是通过销售把企业和市场联系的过程;市场营销是一种对社会现象的认识。

著名现代营销学家、美国西北大学教授菲利普·科特勒(Philip Kotler)对市场营销做了以下定义:市场营销是与市场有关的人类活动,市场营销是集体或个人通过创造以及与别人交换产品和价值来满足其需求和欲望。

为了把握市场营销理论,我们必须理解其内涵和外延。在此,有必要对相关概念做一介绍。

(一)需要、欲望和需求

需要,是指人们因为某种缺失而没有得到的一种心理感受。比如人们饥饿的时候需要食物,天气冷的时候需要衣服,空气污染的时候需要新鲜空气,口渴的时候需要水,还有社交、归属感、成就感、受到尊重等更高层次的需要,需要产生于自身。市场营销就是通过满足人们的需要来实现自己的利益。

欲望,是想得到某些基本需要的具体物品的愿望,不同地域、不同社会条件下的欲望也不尽相同,例如日本人想吃饭团,西方人想吃面包和牛奶,中国人想吃面条、米饭,从而产生了不同的欲望。相对而言,人的需求是有限的,而欲望却是无穷尽的。市场营销无法创造需要,但可以在一定程度上通过不断地开发新产品来满足人们的欲望。

需求,是人们已经具有了支付能力并具有购买某种商品和服务的愿望,即当有了欲望并且具有一定的购买力的时候,就形成了需求。例如,人们在家庭生活中需要做饭菜,但由于购买力的差别,有的人买煤炉做饭,有的人买煤气灶做饭,有的人买天然气集成灶做饭,市场营销者总是通过不同的营销手段影响需求,并根据反馈的需求预测来决定是否将产品进入某一市场。

区分需要、欲望和需求是为了说明这个概念:市场营销不能创造需要,因为它已经先于营销活动存在,但营销者可以通过自己的开发来影响需求。

(二)产品

产品,是指满足人们欲望和需求的商品和劳务。从表现形式上看,产品可分为有形产品和无形产品两大类,人们通常将前者叫作产品,将后者叫作服务。人们在选择购买产品的同时,实际上也是在满足自己的某种愿望，买书是为了获得知识服务，买电视是为了获得娱乐服务，如果市场营销者只提供产品本身而忽视对客户的利益服务，那样就会丢掉市场。

（三）交换、交易

交换，是指从某处获得所想要得到的东西而必须通过提供某种物品作为回报的行为，只有双方物品等价值，而且能满足各自需求的产品，才能有市场营销。交换是一个过程而不是一个事件。交换必须满足以下5个条件才能产生：交换至少有两方；每一方都有自认为有价值的产品；每一方都能沟通信息和传递产品；每一方都可以自由决定是否可以接受对方的产品；每一方都认为与对方的交换是可以接受的。

交易，就是买卖双方的价值交换行为，当交换过程中双方达成一致就产生了交易。构成交易包括以下基本条件：至少有两件有价值的产品；有双方可以接受的条件；适当而必要的时间和地点。

思考题：馈赠是交易吗？馈赠与交易有哪些共同点和不同点？

（四）市场、关系和网络

狭义地讲，市场就是买卖双方交换的场所；广义地讲，市场就是一系列交换关系的总和。在市场营销学中，市场大多是指顾客群体（见图1－1）。

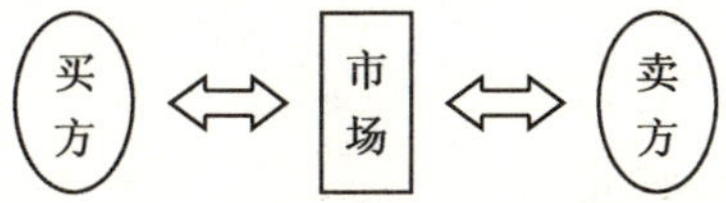


**图1－1　市场营销学中的市场**

关系，是指企业与顾客、供应商等形成的长期的、稳定的关系。市场营销不是建立在一次交易上，而是通过营销建立长期的、稳定的交易关系。

网络，是指企业与该企业有利益关系的利益攸关方，如原材料供应商、设备供应商、公司员工、金融机构、分销商、顾客等（见图1－2）。

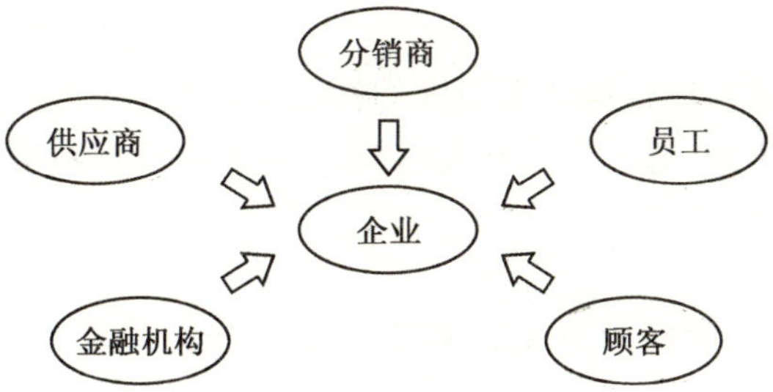


**图1－2　营销网络**

（五）营销管理

营销管理，是指为实现营销目标而对整个营销活动，包括营销手段、分销渠道、产品价格等进行的控制（见图1－3），营销管理是市场营销活动不可或缺的重要环节。

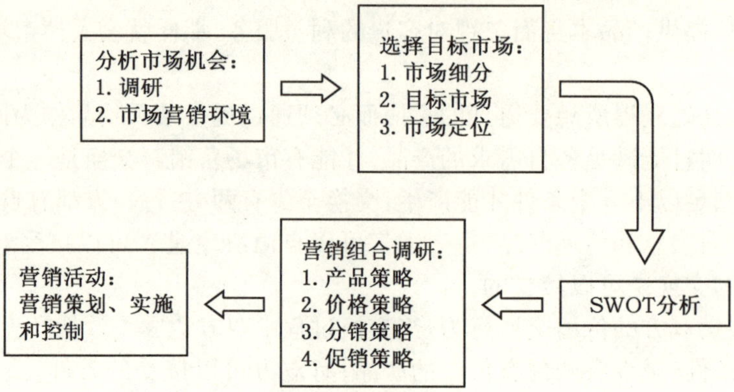


图 1—3 营销管理

## 第二节 市场营销学概述

### 一、市场营销学

(一)市场营销学的概念

市场营销学是一门专门研究市场营销活动规律的学科，它来源于英语单词“marketing”，是有关市场营销活动的指导思想、基本理论、方法技巧等有机结合的科学体系，其产生与发展与企业的市场营销活动紧密联系。市场营销学是对成功企业实践经验的总结和归纳，企业的生产和发展为市场营销学的发展提供了源源不断的动力；反过来，市场营销学的发展为指导企业市场营销活动提供了理论依据。

(二)市场营销学的特点

1. 实践性

与其他社会学科相比，市场营销学有极强的社会实践性，一方面，市场营销学的理论来源于企业的营销实践；另一方面，这些理论和方法对企业的营销起着指导作用，具有很强的实用价值。

2. 综合性

市场营销学以经济学和管理学为基础，借鉴了其他社会科学和自然科学的研究方法，形成了自己独特的学科体系。

(三)研究市场营销学的意义

市场经济中，企业如何在国内外市场的激烈竞争中生存与发展，是每一个企业必须面对的严肃而长期的课题，而市场营销正是企业与市场之间的桥梁。对企业来说，系统全面地学习市场营销学具有以下重要意义：

(1)有助于企业走向国际市场，促进企业国际化经营；

(2)有助于企业获得更大的经济效益，为企业发展提供动力；

(3)有助于企业制定正确的营销策略，建立自己的优势；

(4)有助于企业树立正确的营销观。

## 二、市场营销观念

（一）生产观念

生产观念是一种传统的营销观念。20 世纪初，亨利·福特创立的以扩大生产降低价格就是一种生产观念。福特汽车公司将其主要精力用在改进大规模汽车生产线上以便大批量生产 T 型汽车，成本大大降低，这样一般的美国民众都能买得起该汽车。这种只求产品价格低廉而不注重消费者需要的经营方式是生产观念的典型表现。我国 20 世纪 80 年代，市场可供选择的产品少，供不应求，只要价格合适，消费者就会购买，生产部门生产什么，销售部门就收购什么。这个时期的市场营销的中心就是大批量生产，解决供不应求的矛盾。

该观念认为，消费者喜欢价格低廉的产品，企业应该提高生产效率，降低产品成本。显然，这是一种重生产而轻市场营销的观念。

（二）产品观念

产品观念是一种传统的营销观念，与生产观念一样，也是产生于市场供不应求的情况下。产品观念认为消费者喜欢高质量、多功能、有一定特色的产品，企业应把精力主要放在生产高价值产品并不断加以改进上，而不是放在市场需要上，只看到生产的产品好，看不到市场需求在变化。

目前我们的很多企业还奉行产品观念，提出"企业竞争就是产品竞争""以百分之百的细致，做百分之百的质量"等口号。这有助于企业更新换代，事实上企业也取得了阶段性的经济效益。

然而这种观念容易导致企业过分关注设计和改进产品，缺乏市场调研，不了解顾客不断变化的需求意愿。

产品观念与生产观念的共同特点是：重生产，轻营销，只从生产者的角度出发，而忽视了市场需求的动态变化和多样性；其区别在于：生产观念是"生产价廉的东西，我生产你买"，产品观念则是"生产质量好、有特色的产品，我产品好你买"。

（三）推销观念

推销观念是生产观念的发展，是 20 世纪 20 年代末到 50 年代许多企业奉行的一种观念，表现为"我卖什么，消费者就买什么"。他们认为，要想在竞争中胜利，就必须卖掉所有的产品，为此就要引起消费者的需求和欲望，就要进行大量的推销活动。企业产品的销量与促销活动是相关的，于是，推销观念在当时的企业广泛流行。

推销观念认为：顾客通常表现为一种购买惰性或抗衡心理，一般不会足量购买某一企业的产品，因此企业必须积极推销和促销，以刺激消费者大量购买本企业的产品。现在许多企业在产品过剩时也奉行推销概念。

（四）市场营销观念

市场营销观念产生于 20 世纪 50 年代。第二次世界大战后，欧美开始把注意力投向民用产品，消费品的产品迅速增加，产品过剩严重，导致了市场的激烈竞争。在此过程中，许多企业开始注意消费者的需求，并研究其购买行为。这一观念是市场营销学理论上的重大变革，企业生产开始从以生产者为中心转变为以消费者为中心。

市场营销观念认为：实现企业各项目标的关键，在于正确确定目标市场的需要和欲望，并且比竞争者更有效地传送目标市场所期望的商品或服务，从而比竞争者更有效地满足目标市场的需要和欲望。

这种观念与推销观念相比有重大区别：市场营销观念是以消费者的需要和欲望为中心的哲学，而推销观念是以卖方需求为中心的哲学。

**案例　　非洲卖鞋**

一个美国鞋业公司派它的财务主管到一个非洲国家，去了解公司生产的鞋能否在那里找到销路。一星期后，这位主管发电报回来说："这里的人不穿鞋，因而这里没有鞋的市场。"

接着该鞋业公司总经理决定派最好的推销员到这个国家，对此进行仔细调查。一星期后，该推销员发电报回来说："这里的人不穿鞋，是一个巨大的市场。"

鞋业公司总经理为弄清情况，再派他的市场营销副总经理去解决这个问题。两星期后，市场营销副总经理发电报回来说："这里的人不穿鞋，然而他们有脚气，穿鞋对脚会有好处。无论如何，我们必须再行设计我们的鞋子，因为他们的脚步比较小，我们必须在教育懂得穿鞋有益方面花一笔钱，我们在开始之前必须得到部落首领的合作。这里的人没有什么钱，但他们生产有我未曾尝过的最甜的菠萝。我估计鞋的潜在销售量在3年以上，因而我们的一切费用包括推销菠萝给一家欧洲连锁超级市场的费用都能得到补偿。总算起来，我们还可以赚得垫付款30％的利润。我认为，我们应该毫不迟疑地去干。"

**思考分析：**

1. 为什么3个调查员得到的结果不一致？
2. 该公司的副总经理的分析是否正确？其结果是否可作为企业的营销机会？

（五）社会市场营销观念

社会市场营销观念是对市场营销观念的修改和补充，它产生于20世纪70年代西方国家出现能源短缺、通货膨胀、失业增加、环境污染严重、消费者保护运动盛行的新形势下。因为市场营销观念回避了消费者需要、消费者利益与长期社会福利之间隐含着冲突的现实，即用虚假广告蒙蔽消费者，妨碍了社会福利的提升。

社会市场营销观念认为：企业在提供商品和服务时，不仅要真实地满足消费者的需求和欲望，还须符合社会整体的长远利益。这个观念强调了企业营销活动要兼顾企业、消费者、社会三者的利益(见图1—4)。

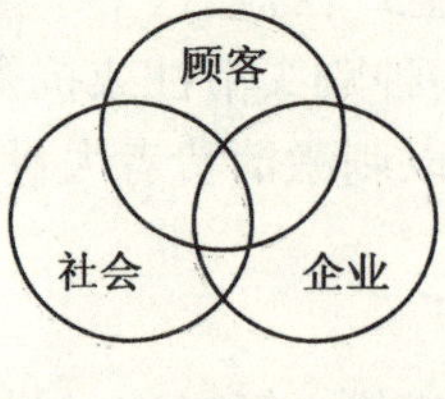


**图1—4　社会市场营销观念**

（六）大市场营销观念

20世纪80年代以来发达国家生产过剩，市场竞争日益激烈，许多国家的政府干预增强，贸易保护主义抬头；为保护本国工业，各国政府都实行关税和贸易壁垒，使得其他国家(地区)能提供的类似产品甚至更好的产品无法进入本国市场。在这样的背景下，提出了大市场营销观念。

大市场营销观念是指企业的市场营销除了产品、价格、渠道、促销四要素外，还要增加权力和公共关系两要素。

**案例　　美国施压欲夺回日本牛肉市场**

美国国会21位参议员于2014年10月26日联名提出一项法案，要求布什政府对日本进行贸易制裁，以报复日本继续维持对美国牛肉的进口禁令。

2003年，日本从美国进口了价值10亿美元以上的牛肉，但在当年年底美国发现第一例疯牛病病例后，日本从12月份开始禁止进口美国牛肉。

由参议员肯特·康拉德和帕特·罗伯茨起草的上述法案规定，如果2014年12月31日之前日本不对美国牛肉开放市场，布什政府应对进口的日本产品征收惩罚性关税。康拉德说："惩罚性关税每年将达31亿美元，这与美国牛牧业2004年因日本禁令而蒙受的直接损失差不多。"康拉德来自北达科他州，牛牧业是该州的重要产业。

**思考题**：美国牛肉出口的营销手段是什么？

（七）绿色营销观念

绿色营销观念是指企业在营销活动中，将消费者利益、企业利益和自然环境紧密结合，既要满足消费者的需求，实现企业的盈利目标，又要照顾自然环境的平衡。

绿色营销以保护生态环境、全球资源和人类的健康为宗旨，在产品生产环节，绿色营销强调节约能源和生产资源，反对使用有害物资，不提倡使用纸质包装；在定价方面，政府对绿色产品实施减免税负，提供补助等政策；在分销方面，使用安全节能的物流方式。

（八）关系营销观念

关系营销观念是由美国营销专家巴巴拉·本德·杰克逊于1985年提出的。这个观念的提出是各种社会因素共同作用的结果。

首先，20世纪80年代末，企业面临的市场环境发生了很大变化。由于产品供给剧增，市场竞争激烈，在这种情况下，谁与顾客建立稳定的交易关系，谁就能拥有更多未来的销售机会。

其次，企业从经济利益出发，认识到市场营销不仅要争取新客户，还要保持好市场老客户，因为保持老客户的花费要比争取新客户的花费少得多，由此，关系营销在交易实践中逐渐被广泛认同并加以运用。其基本含义是：企业要与顾客、经销商建立更紧密的工作关系和相互依赖的关系，从而发展双方的连续性交往，以提高品牌忠诚度，巩固和扩大市场销售。

传统营销观念与现代营销观念的区别见表1—1。

**表1—1　　传统营销观念与现代营销观念的区别**

| 营销观念 | 出发点 | 方　式 | 目　的 |
|---|---|---|---|
| 传统 | 生产产品 | 通过生产，促销 | 获取利润 |
| 现代 | 市场需求 | 整体营销 | 在满足顾客、兼顾社会利益的同时获取利润 |

## 三、市场营销观念的新发展

（一）网络营销的概念

网络营销是指电子商务在市场营销上的应用，通过网络进行市场营销，因此网络营销也叫电子营销。

(二)网络营销的特点

网络营销区别于其他营销的最大特点就是网络的互动性,卖方可以随时随地与买家互动交易,买方也可以一种新的方式与卖方交流。为了更好地实行网络营销,企业须掌握两个要点:一是网络营销传递信息的花费比其他营销方式低廉得多,这对于需要提供大量信息和大量业务员的企业来说,是一个强大而经济的营销工具。二是消费者由被动变主动。消费者是否有主动查询信息的动机将是关键性的因素。在消费者搜寻信息动机强的市场中,互动式营销将是有力的工具,其力量超过传统零售商、超市等方式。因此,企业只有树立良好的品牌形象才能吸引消费者的目光,才能使消费者主动搜寻企业的商品信息。

**案例** **"双 11"迎接新纪录**

全球"剁手党"们一天鏖战,又创造了一个新的纪录。11 月 11 日 24 点,2017 天猫"双 11"全球狂欢节成交额超 1 682 亿元(人民币,下同)。全球消费者通过支付宝完成的支付总笔数达到 14.8 亿笔,比 2016 年增长 41%。相当于在"双 11"这一天,平均每个中国人在支付宝上完成超过 1 笔支付。11 月 11 日 0 点刚过,各大电商的交易额就一路狂奔。0 点之后仅过了 3 分 01 秒,天猫"双 11"成交额已超 100 亿元,2016 年"双 11"成交额达到 100 亿元,用了 6 分 58 秒。2016 年,天猫"双 11"成交额 1 207 亿元,这一数字在 2017 年仅用 13 个小时就被突破。除了天猫,京东在 11 月 11 日 24 点后也宣布,从 11 月 1 日到 12 日,京东"11·11"全球好物节累计下单金额已超过 1 271 亿元。电商支付处理能力和物流配送能力的提升为 2017 年成交额的爆炸式增长提供了保障。开场 5 分 22 秒,新的支付峰值达 25.6 万笔/秒,刷新全球纪录。同时诞生的还有数据库处理峰值——4 200 万次/秒。0 点刚过 12 分钟,第一个订单便完成签收。11 月 11 日 24 点,2017 天猫"双 11"全球狂欢节全天物流订单 8.12 亿;京东的数据显示,11 月 11 日当天的订单已有 85%实现当日出库。

2017 年,有越来越多的全球消费者参与了中国的购物狂欢。截至 11 月 11 日 24 点,全球 225 个国家和地区的"剁手党"加入 2017 天猫"双 11"全球狂欢节。阿里巴巴 CEO 张勇表示:"这个背后,体现了中国商业的进步,也体现了中国消费升级的需求,人们的生活方式有了巨大的变化。"

**思考题**:2017 年的"双 11"有哪些新的营销方式?并举例说明。

## 第三节 市场营销的基本理论

### 一、4P 理论

1930 年,美国著名市场营销专家杰罗姆·麦肯锡提出了 4P 理论,他在《基础营销》一书中将其分为 4 类:产品(product)、价格(price)、渠道(place)、促销(promotion)。1967 年,菲利普·科特勒在其《营销管理:分析、规划与控制》中进一步确认了以 4P 为核心的营销组合。

4P 营销理论是从管理决策的角度来研究市场营销问题。从管理角度来讲,影响企业营销的各种因素可分为两大类：一是不可控因素，比如微观环境和宏观环境；二是可控因素，比如品牌、价格、产品、广告、经销商等。4P 就是对可控因素的一种归纳总和。

（一）产品

这主要是指企业根据自身的能力，确定给目标市场提供适合的有形和无形产品来实现其营销目标，其中包括对产品的材质、形状、尺寸、包装、质量等各种可控因素的组合和运用。

（二）价格

这主要是指企业根据市场的变化来制定价格和变动价格等来实现营销目标，其中包括对产品的基本价格、折扣价格、付款期限和商业信用以及各种定价方法和技巧等各种可控因素的组合和运用。

（三）渠道

这是指企业为了到达目标市场进行的各种活动，其中包括对销售方式、商品运输、中间商、网点设置、储存控制等可控因素的组合和运用。

（四）促销

这是指企业利用各种信息来刺激消费者的购买欲望，以短期的行为（如让利、买一赠一）来达到一定的销售目标，其中包括对促销相关的广告、人员推销等可控因素的组合和运用。

由于 4P 理论为市场营销提供了一个简单而容易操作的指导方向，所以很快就成为理论界和实践者普遍接受的营销组合模型，成为长期占统治地位的基本理论，即使在市场营销理论层出不穷的今天，4P 理论也不过时。

## 二、4C 理论

随着市场竞争的日益激烈，消费者个性化需求日益突出，人们发现以前的 4P 理论已经无法满足企业更高的要求，到了 20 世纪 90 年代，美国教授罗伯特·劳特朋针对 4P 理论存在的问题，提出了 4C 营销理论，即顾客（customer）、成本（cost）、便利（convenience）、沟通（communication）。

（一）顾客

顾客主要是指顾客的需求，企业必须了解和研究顾客的需求，然后根据顾客的需求来生产产品；同时，企业不仅仅提供产品和服务，更重要的是由此产生的顾客价值。

（二）成本

成本不单单是指企业的生产成本，还包括顾客的购买成本，同时也意味着产品定价的理想状态，即低于顾客的心理价格，又能够让企业获取利润；此外，顾客购买成本不仅包括其货币支出，还包括为此所耗费及等待的时间、体力消耗以及购买风险。

（三）便利

便利即为顾客提供最大的购物和使用便利。4C 理论强调，企业在制定分销策略的同时要更多地考虑顾客的方便，而不是企业的方便，要通过好的售前、售中和售后服务，让顾客在购物的同时享受到便利。

（四）沟通

沟通取代了 4P 理论中的促销，4C 理论认为，企业应同顾客进行积极有效的双向沟通，建立基于共同利益的新型企业与顾客的关系。这不再是企业单向的促销和劝导顾客，而是在双方的沟通中找到能同时实现各自目标的通途。

总的来看，4P 与 4C 是一种互补而不是替代关系（见表 1—2）。

表 1－2　　　　4P 与 4C 的关系

| 类别 | 4P | | 4C | |
|---|---|---|---|---|
| 阐释 | 产品 | 服务范围、项目、服务产品定位和服务品牌等 | 客户 | 研究顾客的需求和欲望，并提供商品和服务 |
| | 价格 | 基本价格、支付方式、佣金折扣等 | 成本 | 考虑客户愿意付出的成本，代价是多少 |
| | 渠道 | 直接渠道和间接渠道 | 便利 | 考虑让顾客享受第三方物流带来的便利 |
| | 促销 | 广告、人员推销和公共关系等 | 沟通 | 积极主动地与顾客沟通，寻找双赢的认同感 |
| 时间 | 20 世纪 60 年代中期(麦肯锡) | | 20 世纪 90 年代初期(劳特朋) | |

# 课后习题

## 一、选择题

1. (　　)是现代市场营销理念的核心内容。

A. 服务中心　　B. 效益中心　　C. 顾客中心　　D. 效率中心

2. 市场营销理念也叫市场观念，是企业进行市场营销活动的行为准则和(　　)。

A. 营销方法　　B. 指导思想　　C. 经营方针　　D. 思维方法

3. 现代企业营销理念包括的主要内容是顾客中心、竞争导向、(　　)。

A. 分体营销　　B. 整体营销　　C. 直销　　D. 服务导向

4. 按照市场上流通的商品属性，可以把市场划分为一般商品市场和(　　)。

A. 特殊商品市场　　B. 买卖商品市场　　C. 供求商品市场　　D. 农村商品市场

## 二、简答题

1. 简述市场营销概念。

2. 简述不同阶段的营销观念的异同。

3. 市场经济体制的建立对我国市场营销理论研究和实践产生了什么影响？

## 三、案例分析题

### 希尔顿的微笑服务

美国“旅馆大王”希尔顿于 1919 年把父亲留给他的 12 000 美元连同自己挣来的几千美元投资出去，开始了他雄心勃勃的经营旅馆生涯。当他的资产从 1 500 美元奇迹般地增值到几千万美元的时候，他欣喜而自豪地把这一成就告诉了母亲。想不到，母亲却淡然地说：“依我看，你跟以前根本没有什么两样……”“事实上你必须把握比 5 100 万美元更值钱的东西：除了对顾客诚实之外，还要想办法使来希尔顿旅馆的人住过了还想再来住，你要想出这样一种简单、容易、不花本钱而行之久远的办法去吸引顾客，这样你的旅馆才有前途。”

母亲的忠告使希尔顿陷入迷惘：究竟什么办法才具备母亲指出的“简单、容易、不花本钱而行之久远”这四大条件呢？他冥思苦想，不得其解。于是他逛商店、住旅店，以自己作为一个顾客的亲身感受，得出了准确的答案：“微笑服务”。只有它才实实在在地同时具备母亲提出的四大条件。从此，希尔顿实行了"微笑服务"这一独创的经营策略。每天他对服务员的第一句话是"你对顾客微笑了没有?"他要求每个员工不论如何辛苦，都要对顾客投以微笑，即使在旅店业务受到经济萧条的严重影响的时候，他也时时提醒职工记住："万万不可把我们心里的愁云摆在脸上，无论旅馆本身遭受的困难如何，希尔顿旅馆服务员脸上的微笑永远是属于旅客的阳光。"

为了满足顾客的要求，希尔顿"帝国"除了到处都充满着"微笑"外，在组织结构上，希尔顿尽力创造一个尽可能完整的系统，以便成为一个综合性的服务机构。为此，希尔顿饭店除了提供完善的食宿外，还设有咖啡厅、会议室、宴会厅、游泳池、购物中心、银行、邮电局、花店、服装店、航空公司代理处、旅行社、出租汽车站等一套完整的服务机构和设施，使得到希尔顿饭店投宿的旅客真正有一种"宾至如归"的感觉。当他再一次询问他的员工们："你认为还需要添置什么?"员工们回答不出来。他笑了："还是一流的微笑！如果是我，单有一流设备，没有一流服务，我宁愿弃之而去，仍住进虽然地毯陈旧，却处处可见到微笑的旅馆。"

**思考**：微笑服务体现了一种什么观念？希尔顿之所以能留住顾客仅仅是靠微笑服务吗？

# 第二章　营销环境分析

## 【知识目标】

1. 掌握营销环境的概念；
2. 掌握营销环境的宏观环境和微观环境；
3. 理解环境对企业营销的影响以及企业应对环境变化的对策。

## 【能力目标】

1. 能够表述营销环境的主要内容；
2. 能够进行营销环境分析。

## 【导入案例】

**"本田妙案"的奇效**

日本横滨本田汽车公司汽车大王——青木勤社长，别出心裁地制订了一个退小汽车而绿化街道的"本田妙案"。此方案一推出，即收到意想不到的效果。

"本田妙案"是怎样产生的呢？原来，青木勤社长在每天外出和上下班的途中发现，汽车在飞驰过程中排出大量废气，直接污染了城市的环境，不但乌烟瘴气，而且还造成街道旁绿树的枯萎。青木勤看到自己的产品给环境带来的不利影响，心情非常沉重。他决心解决这个问题，恢复大自然的本来面目，于是，青木勤亲自制订了"今后每卖一辆车，就要在街道两侧种一棵纪念树"的经营方针；随后本田公司又将卖车所得的利润一部分转为植树的费用，以减轻越来越多的汽车排气对城市环境的污染。"本田妙案"实施后，汽车一辆辆地开出厂门，街上的树木也一棵棵栽上，绿化地带也一块块铺开，消费者心中自然产生了一种强烈的需求愿望——同样是买汽车，为什么不买绿化街道的本田汽车呢？既可买到需要的产品，还可以美化生活环境。这可真是有心栽花花不开，无心插柳柳成荫。

这种别出心裁的"我为你植树"的营销策略，使本田汽车的营销量与"绿"俱增，在汽车行业激烈的市场竞争中，一直立于不败之地。

# 第一节 营销环境概述

## 一、营销环境的概念

市场环境中，个人和群体与周围的相关组织时时刻刻都发生着某种关系。同样地，企业开展市场营销也与外部发生着各种关系，企业要发展，不仅要识别和评估外部环境可能对企业的危害，还要利用环境提供的可能潜在的机会，利用自己的优势来避实就虚，在激烈的市场竞争中得以长久地发展。

按照美国市场营销专家菲利普·科特勒的观点：营销环境由企业营销管理职能外部的因素和力量组成，这些因素和力量影响着营销管理者成功地保持和发展同其目标客户交换的能力。换言之，营销环境是指与企业营销活动相关的所有外部因素和条件，企业认真分析这些因素和条件，可以发现市场机会，也可以发现可能的对企业的威胁，以便及时采取必要的应对措施。在企业的经营实践中，对营销环境的分析，是企业制定营销战略的重要一环。

## 二、营销环境的分类

### （一）微观环境

微观环境是指与企业息息相关、直接影响企业营销能力的参与者，包括企业自身、金融机构、营销渠道企业、顾客、竞争者等，也称直接营销环境。

### （二）宏观环境

宏观环境是指影响微观环境的社会力量，主要是指人口、经济水平、宗教信仰、政治法律、社会文化等。由于宏观环境不与企业存在直接经济联系，所以又称做间接营销环境。

宏观环境和微观环境在市场环境系统中不属于同一个层次，是从属关系，一般情况下，微观环境受到宏观环境的影响和制约，同时微观环境也影响宏观环境。它们的关系如图2—1所示。

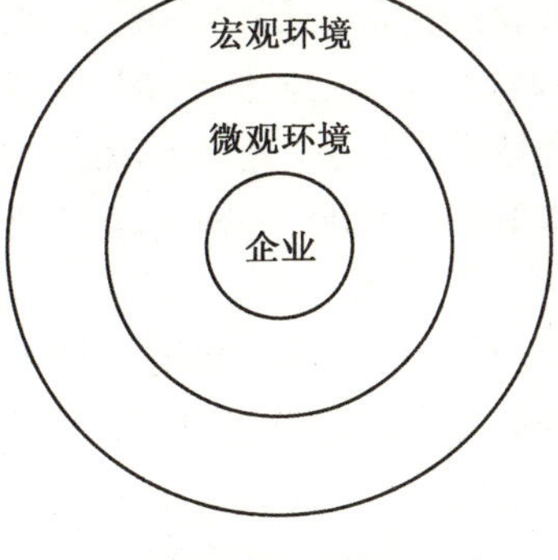


图2—1 微观环境与宏观环境关系

## 三、营销环境的特点

### （一）客观性

企业总是在一定的社会和其他外界环境中生存和发展，环境并不以营销者的意志为转移，具有强制性和不可控性的特点。也就是说，企业营销者虽然可以认识环境和利用环境，但不能改变环境的制约，特别是间接的社会环境。比如，企业不能改变地区民族的宗教信仰，也不能改变政治法律因素，等等，企业营销者应该主动适应环境。

（二）差异性

不同的国家或地区之间，宏观环境存在广泛的差异。同样地，不同的企业之间，其微观环境又有着这样或那样的不同。正因为这些不同，企业才根据不同的差异采取不同的营销策略。比如，不同的地域有不同的信仰，欧洲人信仰基督教，西亚北非人信仰伊斯兰教；韩国人喜欢吃泡菜，欧洲人喜欢吃面包；中国与诸多国家在人口规模上有着巨大的差异。

（三）多变性

营销环境是一个不断变化的动态系统，构成营销环境的许多因素又都受到其他因素的影响，每一个环境因素都会随着社会经济的发展而不断变化。21 世纪初，电子商品的交易都是在大卖场或专业的电子市场进行，随着社会的发展，尤其是网络经济的飞速发展，现在都是电商交易。营销环境发生了重大变化，这种变化会给企业提供舞台，同时也对那些不适应新环境的企业带来威胁，企业可以通过设置专门的部门来跟踪这种变化以及时调整自己的营销策略。

（四）相关性

营销环境的相关性是指各种因素相互制约又相互影响，某一因素的变化会带动其他因素的变化，形成新的营销环境。例如，2017 年中央一号文件《关于深入推进农业供给侧结构性改革加快培育农业农村发展新动能的若干意见》，提出了建立农业产业园，以规模化种养基地为基础，依托农业产业化龙头企业，来带动新型农业经营主体和农户专业化、标准化、集约化生产，推动农业全环节升级、全链条增值。这样的政策势必会影响农业结构的调整，拉动对农村机械的投资，为农业产业的发展提供新的机遇，为以农产品为原料的加工企业提供开发新产品、调整产品结构的机会。

## 四、企业与营销环境的关系

营销环境通过其内容的不断扩大及其自身各因素的不断变化，对企业营销活动产生影响。

首先，营销环境的内容随着市场经济的发展而不断变化。20 世纪初，西方企业仅将销售市场作为营销环境；30 年代后，将政府、工会、竞争者等与企业有利害关系者也看作环境因素；进入 60 年代，又把自然生态、科学技术、社会文化等作为重要的环境因素；90 年代以来，随着政府对经济干预力度的加强，更加重视对政治、法律环境的研究。环境因素由内向外扩展，国外营销学者称之为“外界环境化”。

其次，营销环境是企业营销活动的制约因素，营销活动依赖于这些环境才得以正常进行。这表现在：营销管理者虽可控制企业的大部分营销活动，但必须注意环境对营销决策的影响，不得超越环境的限制；营销管理者虽能分析、认识营销环境提供的机会，但无法控制环境因素的变化，更无法有效地控制竞争对手；由于营销决策与环境之间的关系复杂多变，营销管理者无法直接把握企业营销决策实施的最终结果。

再次，虽然企业营销活动必须与其所处的外部和内部环境相适应，但营销活动绝非只能被动地接受环境的影响，营销管理者应采取积极、主动的态度能动地去适应营销环境。

## 第二节　营销的宏观环境

市场营销宏观环境是指对企业营销活动造成影响的主要社会力量，包括人口、经济、社会、自然技术、政治、法律、文化等因素。

### 一、人口环境

人口是构成市场的第一位因素。现实的市场都是由有购买力并且有购买意愿的人所组成的。人的需求是企业营销活动的基础，人口的多少直接影响了营销市场的容量。因此，企业应高度重视人口环境的研究，当人口环境出现变化时，要及时调整营销策略。

（一）人口总量

人口总量直接影响着市场总规模。随着社会的发展和科技的进步，人们的平均寿命不断延长，死亡率不断下降。从世界范围来看，人口在不断地增加，尤其是发展中国家的人口。联合国人口基金会发布的 2006 年世界人口现状报告显示，世界人口已经突破 72 亿，且以每年 8 000万～9 000 万的速度增长，其中 80％的人口属于发展中国家。我国总人口已达到 13 亿人，以每年 1 000 多万的数量迅速增长。人口的增加，其消费需求势必会增加，则市场的潜力也会增大，比如给食品加工业、儿童用品行业、教育用品行业、能源行业等都带来重大的影响；同时也要看到，人口的增长也会带来不利的影响，比如住房问题会越来越严重、交通会越来越拥挤、相互的竞争也会越来越大，这些应该引起企业的关注。

（二）人口结构

人口结构主要包括人口的年龄结构、性别结构、家庭结构、社会结构以及民族结构。

1. 年龄结构

不同年龄的消费者对商品的需求不一样。根据 2010 年全国 1％人口抽样调查绘制的我国 2010 年人口金字塔，可以看出我国人口老龄化趋势越来越严重。中国老龄化问题出现时间不长，但近几年大有越演越烈的趋势，一方面中国人均寿命不断提高，同时由于中国实行的相关政策，导致年轻人口增长速度一直低于自然增长速度，在这两个因素的共同影响下，中国面临的老龄化问题更加严峻，很多人称之为“银发浪潮”或是“人口海啸”，预计到 2040 年以后将形成老龄人口的高峰。反映到市场上，就是老年人的需求呈现高升趋势，诸如保健用品、营养品、老年人生活必需品等市场将会兴旺。

2. 性别结构

性别不同，其市场需求也有明显的差异。统计数据显示，我国男性人口 70 414 万人，女性人口 67 048 万人，总人口性别比为 105.02（以女性为 100），出生人口性别比为 113.51。到 2020 年，适龄男性比女性多 3 000 万人左右，进入结婚年龄的男性要多于女性，反映到市场上就会出现男性用品市场和女性用品市场。例如，我国市场上，妇女通常购买化妆品、首饰、衣服，而男子则购买大件物品等。

3. 家庭结构

家庭是购买、消费的基本单位，家庭的数量直接影响到某些商品的数量。目前，世界上普遍呈现家庭规模缩小的趋势，越是经济发达地区，家庭规模就越小。欧美国家的家庭规模基本上是户均 3 人左右，亚非拉等发展中国家户均 5 人左右。在我国，“四代同堂”现象已不多见，

“三位一体”的小家庭则很普遍，并逐步由城市向乡镇发展。家庭数量的剧增必然会引起对炊具、家具、家用电器和住房等需求的迅速增长。

4. 社会结构

中国社会科学院在北京发布《城市蓝皮书：中国城市发展报告 NO. 5》指出，2011 年，中国城镇人口达到 6.91 亿人，城镇化率达到了 51.27%，城镇常住人口超过了农村常住人口。人口城镇化率超过 50%，这是中国社会结构的一个历史性变化，表明中国已经结束了以乡村型社会为主体的时代，开始进入到以城市型社会为主体的新的城市时代。这一社会结构决定了企业在国内市场应该以市民为主要营销对象，市场开拓的重点也应放在城镇，尤其是一些中小企业，更应注意开发价廉物美的商品以满足市民的需要。

5. 民族结构

我国除了汉族以外，还有 55 个少数民族。民族不同，其生活习性、文化传统也不尽相同，反映到市场上，就是各民族的市场需求存在着很大的差异。因此，企业营销者要注意民族市场的营销，重视开发适合各民族特性、受其欢迎的商品。

(三)人口分布

人口分布指人口在不同地区的密集程度。居住在不同地区的人群，由于地理环境、气候条件、风俗习惯的不同，消费需求的类型和数量也不一样。例如，北京人非常实际，不论他们做什么，都给人一种务实的感觉；而上海人比较精明，事事都会问个明白；广东人做饭喜欢煲汤，经常在汤里面加养生药材；而四川人喜欢火锅，特别能吃麻辣；等等，营销时须注意不同区域人口的不同偏好。

## 二、经济环境

经济环境是指企业营销活动所面临的外部经济环境，这是影响市场营销的最活跃的因素。经济环境包括产业结构、经济增长率、货币供应、市场利率等多种因素，企业必须密切注意经济环境的动向，尤其要着重分析购买力和支出结构的变化。

(一)消费者收入

购买力是市场形成并影响其规模大小的决定因素，也是影响企业营销活动的直接经济因素，消费者的收入，包括消费者个人从各种来源中所得的全部收入，包括消费者个人的工资、退休金、红利、租金、赠与等。消费者的购买力来自消费者的收入，但消费者并不会把全部收入都用来购买商品或劳务，购买力只是收入的一部分。因此，在研究消费收入时，要注意以下几点：

1. 国民生产总值

它是衡量一个国家经济实力与购买力的重要指标，从国民生产总值的增长幅度，可以了解一个国家经济发展的状况和速度。一般来说，工业品的营销与这个指标有关，而消费品的营销则与此关系不大。国民生产总值增长越快，对工业品的需求和购买力就越大，反之就越小。

2. 人均国民收入

这是用国民收入总量除以总人口的比值。这个指标大体反映了一个国家人民生活水平的高低，也在一定程度上决定商品需求的构成。一般来说，人均收入增长，对消费品的需求和购买力就大，反之就小。根据近 40 年的统计，一个国家人均国民收入达到 5 000 美元时，可以普及机动车，其中小轿车约占一半，其余为摩托车和其他类型车。

3. 个人可支配收入

这是从个人收入中扣除税款和非税性负担后所得余额，它是个人收入中可以用于消费支出或储蓄的部分，构成实际的购买力。

4. 个人可任意支配收入

这是在个人可支配收入中减去用于维持个人与家庭生存不可缺少的费用（如房租、水电、食物、燃料、衣着等项开支）后剩余的部分。这部分收入是消费需求变化中最活跃的因素，也是企业开展营销活动时所要考虑的主要对象。因为这部分收入主要用于满足人们基本生活需要之外的开支，一般用于购买高档耐用消费品、旅游、储蓄等，它是影响非生活必需品和劳务销售的主要因素。

5. 家庭收入

很多产品是以家庭为基本消费单位的，如房屋、汽车、冰箱、抽油烟机、空调等。因此，家庭收入的高低会影响很多产品的市场需求。一般来讲，家庭收入高，对消费品需求大，购买力也大；反之，需求小，购买力也小。

需要注意的是，企业营销人员在分析消费者收入时，还要区分"货币收入"和"实际收入"。只有"实际收入"才影响"实际购买力"。因为实际收入和货币收入并不完全一致，由于通货膨胀、失业、税收等因素的影响，有时货币收入增加，而实际收入却可能下降。实际收入是扣除物价变动因素后实际购买力的反映。

（二）消费者支出模式

消费者支出模式是指消费者各种消费支出的比例关系。随着消费者收入的变化，支出模式也会发生相应的变化，进而影响消费结构。德国统计学家恩斯特·恩格尔在研究家庭支出时发现，在一定的条件下，当家庭收入增加时，收入中用于食物开支部分的增长速度要小于用于教育、医疗、享受等方面的开支增长速度。食物开支占总消费量的比重越大，恩格尔系数越高，生活水平越低；反之，食物开支所占比重越小，恩格尔系数越小，生活水平越高。

恩格尔系数是衡量一个国家、一个地区、一个城市、一个家庭生活水平高低的标准，恩格尔系数越小，表明生活越富裕，系数越低，表明生活水平越低。

联合国根据恩格尔系数的大小，对世界各国的生活水平有一个划分标准，即一个国家平均家庭恩格尔系数大于60％为贫穷；50％～60％为温饱；40％～50％为小康；30％～40％为相对富裕；20％～30％为富足；20％以下为极其富裕。据国家统计局统计发现，2016 年，我国居民恩格尔系数为 30.1％，比 2012 年下降 2.9 个百分点，接近联合国划分的 20％～30％的富足标准；交通通信、教育文化娱乐、医疗保健支出占居民消费支出的比重分别比 2012 年提高 2.0、0.7 和 1.3 个百分点。

消费支出模式不仅与消费者收入有关，而且还受到以下两个因素的影响：一是家庭生命周期的阶段影响。据调查，没有孩子的年轻人家庭，往往把更多的收入用于购买冰箱、电视机、家具、陈设品等耐用消费品上；而有孩子的家庭，则在孩子的娱乐、教育等方面支出较多，用于购买家庭消费品的支出减少。当孩子长大独立生活后，家庭收支预算又会发生变化，用于保健、旅游、储蓄部分就会增加。二是家庭所在地点的影响。例如，住在农村的消费者与住在城市的消费者相比，前者用于交通方面支出较少，用于住宅方面的支出较多，而后者用于衣食、交通、娱乐方面的支出较多。

（三）经济发展

企业的市场营销活动要受到一个国家或地区的整个经济发展水平的制约。经济发展阶段不同，居民收入不同，顾客对产品的需求也不一样，从而会在一定程度上影响企业的营销。美国学者罗斯顿根据他的"经济成长阶段"理论，将经济发展阶段划分为 5 个阶段，即传统经济社会、经济起飞前的准备阶段、经济起飞阶段、经济成熟阶段、大量消费阶段。前三个属于发展中国家,后两个属于发达国家。例如,以消费者市场来说,经济发展水平比较高的地区,在市场营销方面强调产品款式、性能及外观,品质竞争多于价格竞争;而在经济发展水平低的地区,则较侧重于物美价廉和实用性,购买时更多地考虑性价比。在生产者市场方面,经济发展水平高的地区,其生产设备一般是投资较大、机器替代人工强、精密复杂、自动化程度高、性能好的设备;在经济发展水平低的地区,其机器设备大多是一些投资少、性价比高、结构简单的、人机结合好的设备。因此,对于不同发展水平的地区,企业应采取不同的市场营销策略。

(四)储蓄和信贷

消费者的购买力还要受储蓄和信贷的直接影响。储蓄是指居民将自己可任意支配收入的一部分储存起来;信贷是指金融机构向未来能提供现金流的消费者提供资金的行为,信贷消费允许人们购买超过自己现实购买力的商品,从而创造了更多的就业机会、更多的收入以及更多的需求。

## 三、自然环境

自然环境是指大自然以各种方式提供给人类的物质资料,如空气、阳光、河流、山川、森林等,营销活动受到自然环境的制约;反过来,营销活动也影响着自然环境。比如,我国华北平原地区,交通设施便利,物流成本比较低,但是在我国西南的高原山区,交通不通畅,会增加运输费用,这些都是企业营销时应该考虑的。此外,自然环境对企业营销的影响还表现在两个方面:

(一)自然资源匮乏

自然资源分为有限资源和无限资源,有限资源又分为可再生资源和不可再生资源。随着人类文明进步和社会经济的不断发展,人们不断地过度开采,不可再生资源越来越匮乏,这些又促使企业寻求新的替代办法。比如由于煤炭的过度开采,现在国家越来越提倡使用新能源,如核能、光伏太阳能,不断提高新能源在国家能源供给中的比例;由于森林资源越来越少,在制作家具时大量使用人工合成的板材,以节约资源。这种情况表明,资源短缺将使企业成本大幅度上升,企业必须积极从事研究开发,尽力寻求新的资源替代品。

(二)环境保护

由于污染越来越严重,国家现在对环境保护越来越重视。在环境污染中,煤炭产生的污染最为严重,对此,我国政府采取了一系列措施,对环境污染问题进行控制。这样,一方面限制了某些行业的发展,另一方面也为企业创造了两种营销机会:一是为治理污染和空气检测的技术及设备提供了一个大市场;二是为那些拥有降低和减少排放的新能源企业创造了营销机会。因此,企业经营者要了解政府对资源使用的限制和对污染治理的措施,力争做到既能减少环境污染,又能保证企业发展,提高经济效益。

## 四、科技环境

科学技术是第一生产力。作为营销环境的一部分,科技环境不仅影响企业的生产和经营,还与其他环境因素相互作用。新技术革命,它给市场营销带来了机会,同时也给传统企业带来了威胁。其威胁来自以下两个方面:一是新技术的应用,会使企业的库存产品变得陈旧,过度的积压终究会导致企业资金压力;二是新技术会引起企业营销策略的变化。新技术对企业营销环境的影响表现在以下几个方面:

（一）新技术的使用和发展会改变人们的购物方式

电视、网络的普及，使人们的购物方式发生了极大的变化，顾客无需花费几个小时甚至更多时间在各个商场和购物中心去搜寻所需的商品，也不用跟售货员讨价还价，他只需要坐在电脑前，在搜索引擎中输入所需商品，大大小小几百条搜索结果便展现在面前；服务周到、送货上门，在选购了所需要的商品后，顾客只需坐在家中等待货物被送来。

新技术使商业结构也发生了变化，传统的单一的产品卖场被新型的、新颖的大卖场所代替，同时消费者的购物越来越不受时间地点和支付方式的限制，给顾客带来了便利。

（二）新技术的使用和发展带来了新的行业

新技术可以造就一些新的行业、新的市场，同时又使一些旧的行业与市场走向衰落。例如，LED灯的发明应用，使得传统的白炽灯受到严重的冲击，以至于逐渐退出市场；太阳能、核能行业的兴起，必然给掌握这些技术的企业带来新的机会，又给水力、火力发电行业带来较大的威胁。再如，水性笔取代钢笔，触屏智能手机打击传统手机行业，3D立体电影冲击平面电影，化纤工业对传统棉纺业的冲击，等等。这一切无不说明，伴随着科学技术的进步，新行业排挤、替代旧行业，这对新行业技术拥有者是机会，但对旧行业却是威胁。

运筹帷幄之中，决胜千里之外。企业只有通过经常了解和分析当前营销环境各方面的情况，才能根据自身优势来制定正确的营销战略，这是企业实施营销的首要任务。

## 五、政治、法律环境

政治、法律是影响企业营销的重要的宏观环境因素。政治像一只无形之手，调节着企业营销活动的方向，法律则为企业规定商贸活动的行为准则。政治与法律相互联系，共同对企业的市场营销活动发挥影响和作用。

（一）政治环境

政治环境是指企业营销活动所面临的政治形势。一个国家是否政治平稳，会直接影响到企业的营销活动。如果局势动荡，社会对立严重，政治危机不断，民生凋敝，则会影响人们的购买力；相反，如果一个国家政治有序，社会和谐，人民安居乐业，那么就会给企业营造一个好的营销环境。

我国不断推出新的方针政策，其中不少对企业营销有很大的关系，例如人口政策、财政政策、金融和货币政策、产业发展政策，通过这些政策，来鼓励合理的消费需求或抑制不合理的消费需求，如通过增加烟酒税收政策来抑制烟酒的消费等。

目前，国际上各国政府采取的对企业营销活动有重要影响的政策和干预措施主要有：

1. 进口限制

这是指政府所采取的限制进口的各种措施，如许可证制度、外汇管制、关税、配额等。它包括两类：一类是限制进口数量的各项措施；另一类是限制外国产品在本国市场上销售的措施。政府进行进口限制的主要目的在于保护本国工业，确保本国企业在市场上的竞争优势。

2. 税收政策

政府在税收方面的政策措施会对企业经营活动产生相当影响。比如，对某些产品征收特别税或高额税，会使这些产品的竞争力减弱，给经营这些产品的企业效益带来一定影响。

3. 价格管制

当一个国家发生经济问题时，如经济危机、通货膨胀等，政府就会对某些重要物资，甚至所有产品采取价格管制措施。政府实行价格管制通常是为了保护公众利益，保障公众的基本生活，但这种价格管理制直接干预了企业的定价决策，影响企业的营销活动。

4. 外汇管制

这是指政府对外汇买卖及一切外汇经营业务所实行的管制，它往往是对外汇的供需与使用采取限制性措施。外汇管制对企业营销活动特别是国际营销活动产生重要影响。例如，实行外汇管制，使企业生产所需的原料、设备和零部件不能自由地从国外进口，企业的利润和资金也不能或不能随意汇回母国。

5. 国有化政策

这是指政府由于政治、经济等原因对企业所有权采取的集中措施。例如，为了保护本国工业免遭外国势力阻碍等原因，将外国企业收归国有。

（二）法律环境

法律环境是指国家或地方政府所颁布的各项法律法规、条例规章等，它是企业营销活动的准则，企业只有依法进行各种营销活动，才能受到国家法律的有效保护。因此，企业开展市场营销活动，必须了解并遵守国家或政府颁布的有关经营、贸易、投资等方面的法律、法规。

近几年来，我国在发展社会主义市场经济的同时，也加强了市场法制方面的建设，陆续制订、颁布了一系列重要法律法规，如《公司法》《广告法》《商标法》《经济合同法》《反不正当竞争法》《消费者权益保护法》《产品质量法》《外商投资企业法》等，这对规范企业的营销活动起到了重要作用。

## 第三节　营销的微观环境

市场营销的微观环境是指对企业营销活动产生直接影响的组织和力量，构成微观环境的主要因素与企业直接关联，它们包括供应商、顾客、企业自身、营销渠道、竞争者等，这些因素与企业形成了竞争、合作、监督的关系，如图 2—2 所示。

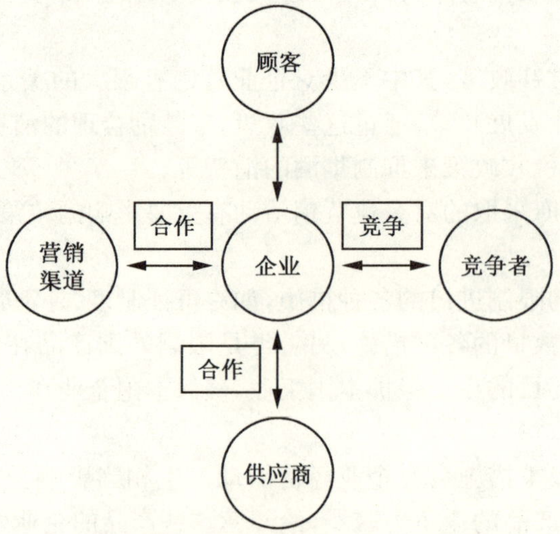


**图 2—2　营销的微观环境**

## 一、企业

企业开展营销活动也要考虑内部其他职能部门如生产制造、设计开发、行政管理、采购、财务等，企业营销部门与这些部门之间既有多方面的合作，也存在争取资源方面的矛盾。这些部门的业务状况如何，它们与营销部门的合作以及它们之间是否协调发展，对营销决策的制订与实施影响极大。比如，营销部门在制定、开展营销活动时，应该与生产制造部门沟通协调一致，如若缺乏沟通，各个部门之间的摩擦纠纷就不断，势必影响营销正常进行。如何在内部有效沟通协调企业各部门与营销的关系，就成了营造良好的营销环境的重中之重。

## 二、供应商

供应商包括供应原材料、零部件、易耗品、设备、办公用品等，是向企业或竞争者提供生产所需资源的组织或个人，供应商对企业的营销活动有着很大的影响，供应商提供的原材料的价格高低、质量的好坏、供应的时间是否及时等都直接影响着企业生产的正常运行，从而影响营销环境。

传统上，企业与供应商是一种对立多于合作的关系，随着时代的发展，很多企业越来越看重与供应商的合作关系，形成利益攸关方。这种模式起源于日本，现在已经逐渐普及，其主要特点是企业在管理供应商过程中更多地采用谈判，力图维持与供应商长期合作和互利的关系。

## 三、营销中介

营销中介是指那些为企业提供资金、销售产品和各种便利营销服务的组织和个人，其包括中间商、实体分配企业、金融机构等。

### （一）中间商

中间商是指帮助企业销售产品到最终顾客的组织和个人，如代理中间商和经销中间商。代理中间商有代理商、经纪人和生产商代表，他们专门介绍客户或与客户磋商交易合同，但并不拥有商品所有权。经销中间商主要有批发商、零售商和其他再售商，他们购买商品并拥有商品所有权，然后再销售商品。除非企业直接将产品营销给最终客户，不然的话，中间商对企业产品从生产领域流向消费领域具有极其重要的影响。中间商与目标顾客直接交易，因而它的销售周转情况、客户满意度就直接影响到企业的产品销售。

### （二）实体分配企业

实体分配企业是指为企业营销提供储存、运输产品的组织和个人，包括仓储公司和物流公司，他们帮助企业将产品运输到营销目的地，完成产品的空间移动，然后仓储公司将待售产品储存起来。在顾客对产品的实效性要求越来越高的情况下，实体分配企业的功能显得越来越重要。

### （三）金融机构

金融机构是指为企业提供信贷和资金的各种机构，它们包括保险公司、银行机构、信贷公司。在现代社会，企业与金融机构有着不可分割的关系，银行的贷款利率、保险公司的保费，都时刻影响着企业的营销活动，因此企业应与这些机构保持良好的关系。

## 四、顾客

顾客就是企业的目标市场，是企业所有营销活动的归宿点，企业的一切营销活动都要以顾客这个上帝为中心，是影响营销活动的最重要力量，企业的产品和服务，只有得到顾客的认可，才能在市场立足站稳。因此，认真客观地分析顾客的心理，了解顾客对产品的要求是营销管理的重要工作。

## 五、竞争者

竞争是市场经济的必然特性，竞争者不仅来自本行业，还包括非同行业竞争者，比如潜在加入者和原材料供应者，企业应当对主要竞争者充分了解，制定有针对性的营销策略。从消费需求的角度看，可以将企业的竞争者分为以下四类：

### （一）愿望竞争者

愿望竞争者是指提供不同产品以满足不同需求的竞争者，比如消费者想选择 5 000 元以下的消费品，他可以选择电脑、电视机等电子产品，也可以选择出国旅游，也可以购买室内家具等。因此，这种竞争企业应采取积极的促销方式来吸引顾客，引导其购买本企业产品，并促成购买行为。

### （二）类别竞争者

类别竞争者是指提供不同的产品来满足相同需求的竞争者。例如，消费者想要看视频的时候，他可以选择电视，也可以选择平板电脑；消费者想出去旅游，他可以选择坐高铁、长途大巴，也可以选择搭乘飞机；等等。

### （三）产品形式竞争者

产品形式竞争者是指生产同类产品但产品的规格形式不一的竞争者。例如同一款汽车有自动挡、手动挡，它们就构成了形式竞争者。

### （四）品牌竞争者

品牌竞争者是指相同规格型号的产品但品牌不同的竞争者。以手机为例，三星、苹果、华为等产品之间就互为品牌竞争者。

## 五、公众

公众是指对企业实现其目标的能力感兴趣或发生影响的任何团体或个人。公众的态度也对企业的营销活动产生巨大影响，他们可能增强企业营销活动的能力，也有可能妨碍，所以企业必须采取措施，树立良好的企业形象，为自己营造一个好的社会环境。企业面临的公众包括以下几类：

### （一）金融公众

金融公众是指那些关心和影响企业取得资金能力的组织、企业，包括银行、投资公司、证券公司、保险公司等。企业可以通过定期举办的活动来回答相关问题。

### （二）媒介公众

媒介公众是指广播电台、报纸杂志、电视台、网络等传播媒介，它们有着广泛的社会关系，直接影响着社会对企业的评价，对企业的声誉起着举足轻重的作用。

### （三）政府公众

政府公众是指与企业经营活动相关的各级政府部门，如工商行政管理局、税务局、环境保护局、发改委等，企业制订实施营销活动计划时应关注政府的相关方针政策，从中寻找企业营销的限制情况或机遇。比如，我国许多城市禁止燃放烟花爆竹，企业在开展营销活动时应避免在此区域销售烟花爆竹，同时与相关部门搞好关系。

（四）社团公众

社团公众是指与企业营销活动相关的各种民间社会组织，如消费者协会、保护环境团体、未成年人保护组织及其他社会团体，他们也是企业需要重视的力量，要虚心接受他们的批评意见和建议。

（五）社区公众

社区公众主要指企业周围的居民和团体组织，他们对企业的态度会影响企业的营销活动。企业应积极参与社区的一些活动，倾听来自他们的声音，与其形成良好的互动关系，避免与社区周围群众发生矛盾和冲突。

（六）内部公众

内部公众是指企业内部的员工，包括管理人员和一般员工。企业的营销活动离不开员工的支持，企业应激发员工主观能动性，经常与员工座谈沟通，增强企业的发展动力和向心力。

公众对企业的生存和发展产生巨大的影响，公众既有增强企业实现其目标的能力，也有产生妨碍企业实现其目标的能力。所以，企业必须采取适当的措施，主动处理好同公众的关系，树立企业的良好形象，促进市场营销活动的顺利开展。

## 第四节　营销环境的分析

企业要想在激烈的市场竞争中立于不败之地，就必须对营销环境进行调查研究分析。营销环境分析的任务就是对外部环境进行调查研究，从中找出对企业发展有利的机会和不利的因素，并通过事先制订的计划来控制变化，保证计划的实施适应环境的变化。常用的营销环境分析方法有 SWOT 分析法和环境威胁和市场机会分析法。

### 一、SWOT 分析法

SWOT 分析法，即态势分析，就是将与研究对象密切相关的各种主要内部优势、劣势与外部的机会和威胁等，通过调查列举出来，并依照矩阵形式排列，然后用系统分析的思想，把各种因素相互匹配起来加以分析，从中得出一系列相应的结论，而结论通常带有一定的决策性。

运用这种方法，可以对研究对象所处的情景进行全面、系统、准确的研究，从而根据研究结果制订相应的发展战略、计划以及对策等。

SWOT 四个英文字母分别表示：S 是优势（strengths），W 是劣势（weaknesses），O 是机会（opportunities），T 是威胁（threats）。

从整体上看，SWOT 可以分为两部分：第一部分为 SW，主要用来分析内部条件；第二部分为 OT，主要用来分析外部条件。利用这种方法可以从中找出对自己有利的、值得发扬的因素，以及对自己不利的、要避开的东西，发现存在的问题，找出解决办法，并明确今后的发展方向。其具体步骤如下：

（一）分析环境因素

运用各种调查研究方法，分析公司所处的各种环境因素，即外部环境因素和内部能力因素。外部环境因素包括机会因素和威胁因素，它们是外部环境对公司的发展直接有影响的有利和不利因素，属于客观因素；内部环境因素包括优势因素和劣势因素，它们是公司在其发展中自身存在的积极和消极因素，属主观因素。在调查分析这些因素时，不仅要考虑历史与现状，更要考虑未来发展问题。

优势，是组织机构的内部因素，具体包括有利的竞争态势、充足的财政来源、良好的企业形象、技术力量、规模经济、产品质量、市场份额、成本优势、广告攻势等。

劣势，也是组织机构的内部因素，具体包括设备老化、管理混乱、缺少关键技术、研究开发落后、资金短缺、经营不善、产品积压、竞争力差等。

机会，是组织机构的外部因素，具体包括新产品、新市场、新需求、外国市场壁垒解除、竞争对手失误等。

威胁，也是组织机构的外部因素，具体包括新的竞争对手、替代产品增多、市场紧缩、行业政策变化、经济衰退、客户偏好改变、突发事件等。

（二）构造 SWOT 矩阵

将调查得出的各种因素根据轻重缓急或影响程度等加以排序，构建 SWOT 矩阵，见图 2—3。在此过程中，将那些对公司发展有直接的、重要的、大量的、迫切的、久远的影响因素优先排列出来，而将那些间接的、次要的、少许的、不急的、短暂的影响因素排列在后面。

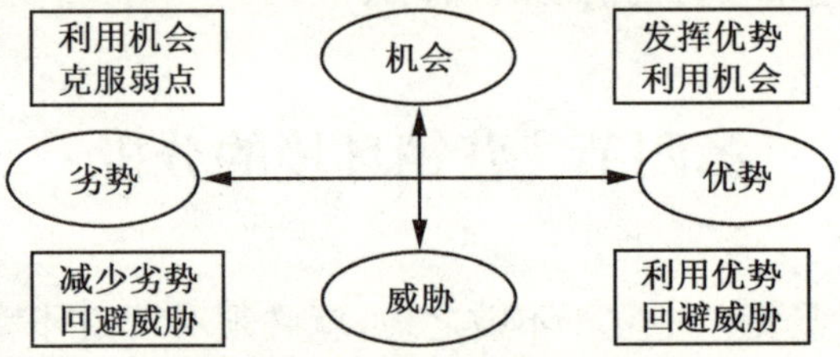


图 2—3 构建 SWOT 矩阵

（三）制订行动计划

在完成环境因素分析和 SWOT 矩阵的构造后，便可以制订相应的行动计划。制订计划的基本思路是：发挥优势因素，克服弱点因素，利用机会因素，化解威胁因素；考虑过去，立足当前，着眼未来。运用系统分析的综合分析方法，将排列与考虑的各种环境因素相互匹配起来加以组合，得出一系列公司未来发展的可选择对策。

## 二、环境威胁和市场机会分析法

环境变化基本分为两大类，即环境威胁和市场机会。

环境威胁是指环境中有一种不利的发展趋势所形成的挑战，企业应及时识别所面临的威胁，并对其严重程度进行分类，对那些有严重影响的大概率的威胁制定行动计划。

市场机会是指对企业营销有一定吸引力的领域，在该领域之内，企业具有一定的竞争优势，可将这些机会按成功的概率进行分类。

假设某手机公司通过营销信息和市场研究得到以下影响经营活动的新动向：

（1）欧洲国家对手机金属外壳中含有的有害物质的使用进行了严格的限制。

（2）随着老龄化越来越严重，市场对老年人手机的需求越来越大。

（3）随着国家工信部公布 5G 中频频谱，相关手机更新换代的步伐越来越近。

（4）某手机品牌由于电池原因爆炸，引起消费者对使用该电池的其他品牌的更多关注。

上述有两个动向对这家公司带来了环境威胁，另两个可能给公司带来一定的市场机会。

# 课后习题

## 一、选择题

1. 代理中间商属于市场营销环境的(　　)因素。

A. 内部环境　　B. 竞争

C. 市场营销渠道企业　　D. 公众环境

2. 下列属于有限但可以更新的资源的是(　　)。

A. 水　　B. 森林　　C. 石油　　D. 煤

3. 市场营销环境中(　　)被称为是一种创造性的毁灭力量。

A. 新技术　　B. 自然资源　　C. 社会文化　　D. 政治法律

4. 消费流行属于(　　)因素。

A. 社会文化环境　　B. 人口环境　　C. 地理环境　　D. 顾客环境

5. 市场营销环境的特征是(　　)。

A. 客观性　　B. 差异性　　C. 多变性　　D. 稳定性

E. 相关性

## 二、简答题

1. 为什么说市场营销是企业的核心内容?

2. 什么是市场营销?

3. 市场营销环境有哪些特点?

## 三、案例分析题

**苹果的颜色哲学:土豪金真的是专为亚洲打造的吗**

在金色出现之前,苹果产品通常有三种色系可供选择,即黑色(iPhone/iPad)、银色(MacBook)和彩色(iPhone 5C/多款 iPod/iMac)。然而,最近推出的新 MacBook 巩固了银色、太空灰和金色三种颜色在苹果产品配色中的主导地位。

2013 年上市的 iPhone 5s 是苹果首次尝试使用金色的产品。很多人对这种外观感到非常惊讶。当然,也有人相信苹果的这一决定,他们认为这是苹果的又一次大胆的设计试验。但实际上,没人能够解释为什么这种在美国经常被认为是炫耀浮夸的颜色会突然成为苹果主导产品的配色之一。

《中国超级消费者》(China's Super Consumers)一书的作者之一萨维奥·陈(Savio S. Chan)说:"苹果在中国的销售进入了黄金时代,而且会依靠其在市场的统治地位赚得盆满钵满。在中国,两种最喜庆的颜色是红色和金色。但是如果一个成功的中国男人手上拿着红色的 iPhone6,那会显得相当滑稽,所以金色就成了最适合高端智能手机颜色。"

虽然中国人对金色的喜好很好地解释了苹果迷恋金色的原因,但是一些观察人士仍然对苹果推出 10 000 美元的黄金智能手表感到很惊讶。实际上,他们没有必要感到惊讶。根据瑞士钟表工业联合会的数据,在 2011 年,中国消费者购买了近 30%的瑞士手表,销售额为 59 亿美元。苹果也想分得一杯羹。而且中国对黄金的迷恋并不是心血来潮:几年之前,有一家公司甚至在北京设立了黄金取款机。在2013年,中国取代印度成为全球第一大黄金消费市场(虽然印度最近把第一的头衔抢了回去)。世界黄金协会称中国对黄金的需求将在2017年上涨20%。从产品的颜色到产品的材料,苹果将会让黄金成为其设计的核心元素之一。

**思考:**苹果是怎样在亚洲市场上取得决定性胜利的?

# 第三章　市场调研与预测

**【知识目标】**

1. 掌握市场调研与预测的相关内容；

2. 能对未来的市场需求量及影响需求的因素进行分析和预测，为企业市场营销管理决策提供依据。

**【能力目标】**

1. 了解市场调研含义、特点；

2. 掌握市场调研的类型及程序；

3. 了解市场预测的概念；

4. 掌握市场预测的内容及方法。

**【导入案例】**

### 中国消费者需要什么样的快餐

快餐不是一个新话题，但在中国却是一个热门话题。国外的快餐不仅进入中国的特大城市如北京、上海等，而且开始在大中城市如雨后春笋般飞速布点，安家落户。麦当劳、必胜客、肯德基等西式快餐店雄心勃勃，说是要“从孩子抓起，彻底改变中国人的饮食习惯”；若果真如此，不仅中式快餐危在旦夕，就是素以“色、香、味”俱全获得世界各国称道的中国菜有一天也会面临从中国人餐桌上消失的危险。

中国人自然对此不以为然，中餐自然也不会消失。不过，城里的孩子们对麦当劳和肯德基如数家珍，小朋友聚会要去，过节日要去，平时也哭着闹着要去。人们的生活节奏在改变，工作习惯也在变，一向被认为是“好习惯”的午休，也在一些部门被悄然取消，对生活情调的追求似乎也成为一种时尚。越来越多的人在自觉不自觉中和快餐结了缘。

零点调查中心在北京、上海、广州、武汉、沈阳5个城市对中国的快餐业做了一次深入调查，向每一个城市发放了300份问卷，由调查人员随机入户访问。调查结果显示：

- 常吃快餐的人中，吃中式快餐的是吃西式快餐的1倍。

● 29.3%的人在过去一个月中没有吃过快餐。

● 8.3%的人说吃过，但记不清吃了几次和在什么地方吃的。

● 对于剩下的那些吃过快餐的人来说，在过去的一个月间平均吃过 9.6 次。

● 尽管西式快餐的声势强大，但是，人们最常吃的快餐还是米饭套餐，22.18%的受调查者说，他们首选米饭套餐。

● 西式的汉堡包位居第二，占 21.57%；饺子、馄饨及其他类似面食占 18.52%。

● 中式小吃占 14.18%，薯条占 2.06%，中式面条占 10.06%，西式面条占 0.53%，西式烤鸡占 5.03%，比萨饼占 0.99%，中式烤鸡占 1.22%，其他分类占 3.66%。

● 不同年龄段的人对快餐选择同样不同，12—30 岁青少年偏爱汉堡包、薯条、比萨饼等，尤其以 20 岁以下的青少年最为突出。

● 60 岁以上的老年人坚守中式套餐中的面条等，南方人自然倾向于米饭类。

● 青年人和中年人多在中午和晚上吃快餐，而老年人宁愿在早晨吃快餐。

● 最年轻的和最老的两类人似乎对下午的休息附带快餐和夜宵更感兴趣。

不同类型企业中供职的员工对快餐的选择自然有一些差异，国有企业员工在早餐吃快餐的比例明显高于其他各类企业：

● 三资企业员工早餐吃快餐的最少；

● 三资企业和私营企业晚餐吃快餐的比例最高。

在受调查的 1 309 人中，喜欢西式快餐的达到 33.69%，其余喜欢中式快餐，不过，不同的城市还有一些区别：

● 北京市的受调查者有 58.67%常吃西餐，其中女性比男性更爱吃西餐。

● 上海 42.5%的人首选西餐，而且 30 岁以下吃快餐的是 30 岁以上的 1 倍。按照人均寿命 73 岁，考虑新中国成立后的生育高峰，30 岁以上的人口远远多于 30 岁以下的。

● 广州、武汉具有相似的特征，常吃西餐者占 27.50%。而且，似乎收入的影响更加明显，吃快餐的人中年收入在 4 万元人民币以上的占到 62.7%。

● 沈阳人吃快餐的少一些，只有 16.12%。

● 消费者在选择过程中，还会有一些侧重，94.46%的人会较多考虑卫生程度。

● 75.38%的人考虑口味。

● 62.56%的人关心就餐环境。

● 51.17%的人要求较好的服务水平。

● 40.16%的人考虑价格。

● 13.03%的人会把快餐和正餐分开，吃快餐并不会影响适时的正餐。

## 第一节　市场调研

### 一、市场调研的概念及作用

#### (一)市场调研的概念

在市场营销活动中，企业能否在激烈的市场竞争中走在前列，取决于它对市场信息的调研能力。市场调研是指企业为了达到特定的经营目标，运用科学的方法和各种途径有目的、有计划地收集、整理和分析有关市场营销方面的信息，掌握市场的现状及其发展趋势，作为市场预测和营销决策的依据。

市场调研既是企业营销活动的起点，又贯穿整体营销过程的始终，在企业的市场营销活动中起着举足轻重的作用。

(二)市场调研的作用

1. 有利于企业根据市场总供求情况，据此调整和确定企业的发展方向

通过对工业生产、商品库存、商品货源进行调研，可以了解商品可供量；通过对购买力、人口、消费水平和各种影响因素进行调研，可以了解商品需求量与需求构成；根据市场供求和企业自身情况，企业可以确定其发展方向。

2. 有利于优化营销组合

企业根据市场调研的结果，分析研究产品的生命周期，开发新产品，制定产品生命周期各阶段的营销策略组合。例如，根据消费者对现有产品的接受程度，对产品及包装的偏好，改进现有产品，开发新用途，研究新产品创意、开发和设计；测量消费者对产品价格变动的反应，分析竞争者的价格策略，确定合适的定价；综合运用各种营销手段，加强促销活动、广告宣传和售后服务，增进产品知名度和顾客满意度；尽量减少不必要的中间环节，节约储运费用，降低销售成本，提高竞争力。

3. 促进企业不断提高经营管理水平，提高竞争能力

企业管理的基础工作决定着企业管理水平的高低，而基础工作的重要内容之一就是收集和整理市场信息。在市场调研过程中，企业只有通过收集经营活动中的内部和外部信息，并对原始信息加以分析和整理，才能对市场变化趋势做出较为科学的预测，为正确地做出企业经营决策提供重要依据，也为提高管理水平奠定基础；同时，掌握这些信息，也有利于企业提高对外部环境的适应能力和应变能力。

## 二、市场调研的分类

由于主体、客体、范围、时间、功能等方面所存在的差异，市场调研不同的类型表现出不同的特征。

1. 按市场调研的方式进行分类

(1)实地调研。实地调研是由调查人员亲自深入现场单独或与当地有关机构人员联系、合作，直接收集第一手资料的一种方式。实地调研可以通过面谈、电话交流、文字联络或现场观察等方法，就事先拟定的事项有针对性地收集资料。

(2)文案调研。文案调研是根据调研课题的目的要求，从各种历史的或现行的文书档案或统计资料中检索出所需的资料，并加以归类、分析和整理的一种方式。文案调研所获得的是第二手资料，具有快速、简单和节省调研费用等特点，尤其适用于对历史资料和国际市场信息资料的了解，既可以作为一种独立的方式使用，也可作为实地调研的补充。

2. 按市场调研的范围分类

(1)专题性市场调研。专题性市场调研(简称专题调研)，是指市场调研主体为解决某个具体问题而进行的对市场中的某个方面进行的调研。这种市场调研具有组织实施灵活方便、所需人力物力有限、对调研人员的要求相对较低的优点；但是，它所提供的信息具有某种局限性，市场调研主体凭此难以对市场进行全面了解。在许多情况下，当企业或其他市场调研主体需要对某些涉及面有限的具体问题做出决策时，专题调研所提供的信息通常能满足决策所需。

事实上，大多数市场调研都是专题调研。

(2)综合性市场调研。综合性市场调研(简称综合调研)，是指市场调研主体为全面了解市场状况而对市场的各个方面进行的全面调研。相对于专题调研而言，综合调研涉及市场的各个方面，提供的信息能全面反映市场的全貌，有助于市场调研主体正确了解和把握市场的基本状况。但是，由于这种市场调研涉及面广，组织实施比较困难，不仅需要投入相当多的人力物力，费时费钱，而且对调研人员的要求也相对较高。一般而言，这种市场调研只有在必要时才组织实施，在实践中较少应用。

3. 按市场调研的深度或目的分类

(1)探测性调研。探测性调研是企业在对市场状况不了解或对问题不知从何处下手时采取的一种调研方式，其目的是为了发现问题并提出问题，以便确定调研重点。探测性调研一般是非正式的，在利用二手资料基础上的小范围调研，往往为正式调研中的初步调研或明确问题阶段使用。这种调研方式的花费不多，不用制定严格的方案，探测性调研回答的是“可以做什么”。例如，企业最近一段时间销售不畅，是质量因素、外观设计问题，还是其他因素？此时可采用此种调研。

(2)描述性调研。描述性调研是比较深入、具体、客观地反映调研对象的一种调研方式。顾名思义，描述性调研的主要目标是针对市场调研问题，通常是对市场的特征或功能、调研问题的各种变量等尽可能作准确的描述。描述性调研所要了解的是有关问题的相关因素和相关关系。它要回答的是“什么”“何时”“如何”等问题。例如，什么类型消费者购买本企业的产品，什么人购买竞争对手的产品，并非回答“为什么”的问题。所以，描述性调研的结果通常说明事物的表面特征，并不涉及事物的本质及影响事物发展变化的内在原因。它是一种最基本、最普通的市场调研。

(3)因果关系调研。这是指为了了解市场上出现的有关现象之间的因果关系而进行的调研。在市场调研中，经常会遇到两个以上变量之间因果关系的问题，如价格与销售量、广告投入与销售量的关系等，哪个因素起主导作用，这就需要对它们之间的因果关系进行调查分析。可见，因果关系调研是在描述性调研的基础上的进一步深化，是为了找出问题的关键，弄清原因和结果之间的数量关系。因果关系调研回答的是“为什么”的问题。比如，有的产品为什么会畅销，有的用户为什么会喜欢某一品牌，等等。

因果关系研究的目的包括下述内容：了解哪些变量是起因(独立变量或自变量)、哪些变量是结果(因变量或响应)；确定起因变量与要预测的结果变量间的相互关系的性质。

## 三、市场调研的内容

由于市场变化的因素很多，因此市场调研的内容和涉及的范围也很广，市场调研涉及营销活动的各个方面，如图 3－1 所示。

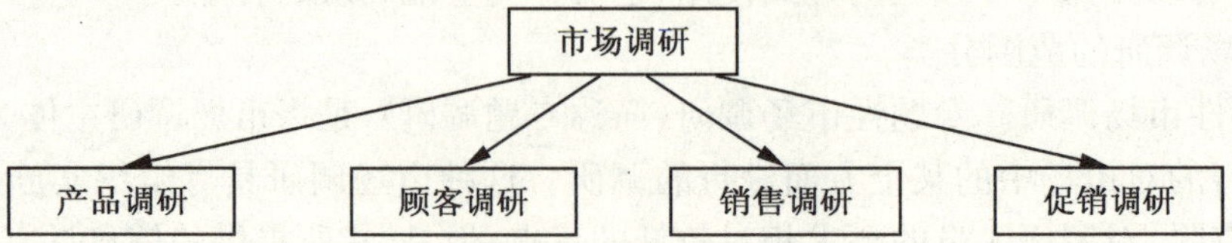


**图 3－1　市场调研的主要分支**

（一）产品调研

产品调研主要了解消费者对产品性能、质量、外观、包装等的评价，对企业新产品的反应状况，对产品生命周期、产品原材料与动力消耗、单位产品成本等要求。

（二）顾客调研

这包括对消费者心理、消费者行为的特征进行调查分析，研究社会、经济、文化等因素对购买决策的影响，这些因素的影响作用到底发生在消费环节还是分配环节或是生产领域；还要了解潜在顾客的需求情况，包括需要什么、需要多少、何时需要等，影响需求的各因素变化的情况，消费者的品牌偏好及对本企业产品的满意度等。

（三）销售调研

这包括对购买行为的调查，即研究社会、经济、文化、心理等因素对购买决策的影响；对企业销售活动进行全面审查，如对销售量、销售范围、分销渠道等方面的调研；产品的市场潜量与销售潜量，市场占有率的变化情况，也都是销售调研的内容；销售调研还应该就本企业相对于主要竞争对手的优劣势进行评价。

（四）促销调研

这主要是了解推销的销售业绩、销售网点的销售效果、营业推广对用户产生的影响、大众对广告的认可度、公关活动对产品销量的影响等。

## 四、市场调研程序

现代市场调研是一种复杂又细致的科学研究活动。在长期的实践中，为了保证市场调研高质量和高效率地进行，必须有一套严格的工作程序。一般来说，任何一项具体的市场调研活动，都包括以下相互联结的几个环节：

1. 确定问题和调研目标

主要内容是对承接的调查项目的初步认识，也称为“初步调查”。调查人员在这个环节的主要工作有三项：一是查找有关文献资料。比如调查项目的主题是“基本产品销售量最近为什么下降”，那么就应该查找有关该产品性能、质量、产量及社会环境方面的记录，包括企业内部和外部的资料，如报纸杂志、档案等一切有关资料。二是访问有关方面的专家。这里所谓的专家，是指对该问题有实际经验或有一定研究水平的人员，可以是工程师、管理干部、营销员，也可以是生产工人。在访问中认真听取专家的意见，以形成初步的认识。三是研究几个有启发性的事例，比如访问几个顾客，其目的不在于收集资料，而在于通过解剖事例，得到启发，增进对未来调查对象以及环境的感性认识。经过探索性研究，调查人员有了较清晰的思路和丰富的感性认识，为完成调查方案的编制奠定了基础。

2. 制定调研计划

（1）确定调查项目。该环节的主要工作包括将调查题目、范围具体化，即明确调查的具体指标或因素。比如针对“销售量为什么下降”这一题目，变成若干具体的调查项目，如提出“替代品的出现是其主要原因”的假设，或“顾客需求变化”等，并对“顾客需求”的表现及拟调查的具体方面给予明确的限定，形成规范的调查提纲。

（2）编制调查方案。明确规定出此项市场调研都干些什么、怎样干、在什么时间完成、结果是以什么形式出现等。这是保证调查质量的必要条件。在承担客户委托项目时，该调查方案须得到客户的认可。调查方案一般包括：调查目的、内容，调查对象，方式、步骤及进度，质量要求，经费、物资保证等的具体说明和规定。

(3)实验性调查。该环节的主要任务是在正式调查前用小样本全面检查调查方案的可行性及各种调查工具的有效性。对于较生疏的题目或较大规模的调查项目,一定要作实验性调查,以避免在正式实施时才发现问题,造成很大浪费,甚至不可弥补的损失。

以上环节统称为市场调研企划,具体的格式要求和技巧方法,将在后文介绍。

3. 收集资料数据

就是依据调查方案选定的方法和时间安排,进行调查对象的选取、调查工作的制作并实地搜集资料。该环节是将调查方案变成现实的关键环节。

4. 分析数据

根据调查方案规定的要素,按统计清单处理数据,把复杂的原始数据变成易于理解或解释的资料,并对其给予全面系统的统计和理论分析。

5. 撰写调研报告

这是市场调研的最后一个环节,是形成调查结论的环节。调查报告是调查工作的结晶,提交调查报告是完成调查的标志。

### 五、市场调研的方法

调查对象的代表性直接影响调查资料的准确性。根据调研的目的及人力、财力、时间等情况,要适当地确定调查样本的多少和调查对象。

(一)普查和典型调查

普查是对调查对象进行逐个调查,以取得全面、准确的资料,普查信息准确度高,但耗时长,人力、物力、财力花费大。典型调查是选择有代表性的样本进行调查,据以推论总体。只要样本代表性强,调查方法得当,典型调查可以收到事半功倍的效果。

(二)抽样调查

当调查对象多、区域广而人力、财力、时间又不允许进行普查时,依照同等可能性原则,在所调研对象的全部单位中抽取一部分作为样本,根据调查分析结果来推论全体。常用的抽样方法有:

(1)纯随机抽样。完全不区别样本是从总体的哪一部分抽出,在总体中的每个单位都有同等机会被抽取出来,如采用抽签法组成乱数表法。

(2)机械抽样。遵守随机原则,将全部调查单位按照与研究标志无关的一个中立标志加以排列,严格按照一定的间隔机械地抽取调查样本。由于样本在总体中分配较均匀,样本代表性也较大。

## 第二节 市场预测

### 一、市场预测的概念

市场预测是经济预测的重要组成部分。在市场经济条件下,市场预测是经济预测的基础和核心内容。为深入准确地理解市场预测的内涵,必须首先明确什么是预测、什么是经济预测。预测是指对未来不确定事件的推断和测定,是研究未来不确定事件的理性表述,是对事物未来发展变化的趋向以及对人类实践活动的后果事先所做的估计和测定。客观世界中许多事物的发展具有不确定性，它们在一定的时间和空间范围内能否发展、如何演变及产生何种影响往往是不确定的。对此，人们很难预先进行明确的肯定或否定。然而，人类为了达到认识世界和改造世界的目的，必须探求客观事物未来的发展变化趋势，将未来事物发展变化的不确定性极小化，减少事物不确定性对人类活动的影响，即在人类采取行动之前，使其认识能最大限度地接近事物未来发展的客观实际，在把握事物发展变化趋向的基础上，制定行动计划，以指导目前行动，趋利避害，引导客观事物朝着有利于人类健康的方向发展。由此可见，预测的实质就是解决客观事物未来发展的不确定性与未来发展确定性这一矛盾，整个预测过程就是一个力求解决这一矛盾的分析判断的认识过程。

预测是人类研究客观事物未来发展变化的行为，是人类根据客观事物发展变化的内在联系及规律性推测未来不确定事物的认识活动。预测结果是否与未来发展相吻合，一方面取决于事物本身的发展进程及影响事物发展各种因素的作用状态；另一方面取决于人类认识客观事物和自觉控制事物发展方向的能力。人类能否自觉而准确地认识客观事物发展变化的内在联系及规律性，是预测结果是否符合客观事物未来发展实际的决定性因素。科学预测绝不是随心所欲的主观估测，更不是拍脑门的凭空想象，而是根据历史和现实的客观资料，运用科学分析方法，探求客观事物的内在联系和发展规律，明确事物发展的趋势，通过历史和现实预测未来，从有根据的假设分析中推测将来的未知变化。

预测研究的范围极为广泛，几乎涉及人类社会的各个领域，如社会发展预测、科学技术预测、政治预测、军事预测、文化教育预测、生态环境预测、经济预测等，虽然各类预测有其各自预测的领域、对象、方式和手段，但它们共同的本质特征就是对各自领域研究对象的未来不确定的变化趋势进行估测和推断。经济预测是目前预测研究领域中最主要的内容，它已成为世界各国政府实施国民经济宏观管理的重要手段，也成为现代企业微观经济行为管理的重要工具。

所谓经济预测，是指对未来不确定的经济过程或经济事件变动趋势做出合乎规律的推测和预见，揭示经济现象错综复杂的内在联系及其发展变化趋势。经济预测包括对整个国民经济发展的综合性预测，各类经济部门、各类行业经济发展预测以及各类经济目标的专项预测。在市场经济条件下，市场预测是经济预测中最基本、最主要的内容。正确的市场营销决策，来自于对市场供求变化的科学预见的推断。市场预测是指企业在市场调研的基础上，揭示市场供求矛盾变化的规律性以及影响市场供求关系的各类错综复杂的因素，运用逻辑推理、统计分析、数学模型等科学方法，对市场上商品的供需发展趋势和未来状况以及与之相联系的各种因素的变化，进行测算、分析、预见和推断，从而为企业确定发展目标、制定生产经营决策提供科学的依据，以实现发展生产、满足需要、繁荣市场、提高效益、促进国民经济发展之目的。

## 二、市场预测的内容

市场预测是为经济决策和计划管理服务的。无论国家经济管理部门还是企业，在实施有效的决策管理中，都需要掌握市场商情动态，预测市场未来变动的趋势，从而为制定经济发展计划提供客观依据。由于不同经济管理部门和不同企业的决策和计划的具体要求不同，其市场预测内容的侧重点有所不同，因此市场预测的内容既广泛又繁杂。下面概括介绍常规市场预测的内容。

### （一）市场需求预测

市场需求预测是指在一定时间、地点和营销环境的条件下就消费者、社会集团对消费资料以及物质生产部门所需生产资料进行的预测。

消费资料市场需求的预测主要研究消费者、社会集团对消费品未来的需求，分析影响需求变化的原因及其变动趋势。首先，要做好消费者平均消费水平的预测，如人口数量及其增长速度的预测、商品价格水平变动的预测、人均收入水平变化的预测、消费结构变动趋势的预测等。其次，要做好社会集团对消费资料需求的预测，如国家财政收支状况变动趋势的预测、社会集团购买力水平的预测、国家有关方针政策变化的预测、社会集团消费结构变动趋势的预测等。

生产资料市场需求的预测主要研究物质资料生产部门（如工业和农业）对生产资料未来的需求，分析影响需求变化的原因及其变动趋势。从工业生产资料市场需求预测看，它包括对工业发展规模、结构变化、基建投资、劳动生产率、技术进步、固定资产使用年限、管理水平等方面的预测；从农业生产资料市场需求看，它包括对可用耕地面积、农业内部结构变化、农民收入水平、农业贷款、农用生产资料价格、农业新产品和新技术的发展等方面的预测。

（二）消费品购买力及其投向预测

消费品购买力及其投向预测是对一定时期内全国或某一地区市场范围内有支付能力的消费品市场总量及其购买力投向的变动趋势的预测。

（三）重要商品市场供求关系预测

重要商品市场供求关系预测是指对列入国家指令性计划和指导性计划的商品市场供求变动趋势的预测，对关系国计民生的重要商品供需变动趋势，以及重要商品的种数、规格、花色、功能等具体需求变动趋势进行预测。

（四）重要商品价格变动趋势预测

重要商品价格变动趋势预测是指对关系国计民生的重要生活资料和生产资料价格变动趋势进行预测，它主要包括生产成本预测、供求关系变化对价格变动影响的预测、市场批发价格和零售价格的预测、农副产品收购价格的预测等。

（五）外贸商品的预测

外贸商品预测是指对外贸易进出口商品总额，重要商品进出口数量、价格及其贸易收支变动趋势的预测。

（六）产品生命周期预测

产品生命周期预测是指对产品使用生命周期（自然周期）和产品的市场生命周期的预测。产品生命周期的预测一般以市场生命周期为重点，通过产品在投入期、发展期、成熟期、衰退期不同特点的对比分析，掌握产品投入市场的时机和发展趋势，据此采取灵活多变的价格策略、分销策略和促销策略，增强企业的竞争力，提高经济效益。

（七）相关科技发展前景预测

相关科技发展前景预测是指现代科学技术重大突破所引起的物质资料生产部门技术构成变化前景的预测。科学技术水平的高低是企业生存与发展的生命线，是战胜竞争对手、使自己立于不败之地的根本所在。企业加强本行业技术状况及发展趋势的预测，就可以加速对新产品、新工艺、新材料和新能源的开发利用，推陈出新、升级换代，将企业运行建立在科技进步的基础上。应强调的是，对资金技术密集性企业来说，相关科技发展的预测更为重要。

（八）商业营销发展趋势预测

商业营销发展趋势是指对流通领域中商品经销组织、经销设施、营销人员数量和素质、商业网点的设置与布局、商品流通渠道及环节等发展趋势的预测。这种预测可以为国家宏观决策提供客观依据，对扩大商品销路、加速商品流转、节约流通费用、方便群众、繁荣市场、满足需要都有重要意义。

（九）市场占有率预测

市场占有率预测是指本企业商品销售量或销售额占市场销售总量或销售总额的比例的变动趋势预测。

除上述外，各类经济形式市场经营比重变动趋势预测、商业网络发展趋势预测、商品资源变动趋势预测、消费者收入变动趋势预测、企业生产经营商品成本和价格及盈利的变动趋势预测、企业投资效益预测、新产品开发前景预测、价格总水平预测、消费者行为预测等，都是市场预测的重要内容，在此不阐述。

## 三、市场预测的方法

市场预测方法是指在全面、系统、准确地占有相关数据资料的基础上，对预测目标进行定量和定性分析、测算、推断的各种技术和方法的总称。

从科学和实用的角度，可以把市场预测的方法归类为两大类：定性预测法和定量预测法。

（一）定性预测

定性预测是指不依托数学模型的预测方法。这种方法在社会经济生活中有广泛的应用，特别是在预测对象的影响因素难以分清主次，或其主要因素难以用数学表达式模拟时，预测者可以凭借自己的业务知识、经验和综合分析的能力，运用已掌握的历史资料和直观材料，对事物发展的趋势、方向和重大转折点做出估计与推测。定性预测的主要方法有指标法、专家预测法、销售人员意见综合法和购买意向调查预测法等。

1. 德尔菲法

德尔菲法是为避免专家会议法之不足而采用的预测方法。这种方法的应用始于美国兰德公司，在国际上颇为流行。这一方法的特点是，聘请一批专家以相互独立的匿名形式就预测内容各自发表意见，用书面形式独立地回答预测者提出的问题，并反复多次修改各自的意见，最后由预测者综合确定市场预测的结论。

德尔菲法进行市场预测的步骤：

(1)做好准备。准备好已搜集到的有关资料，拟定向专家小组提出的问题（问题要提得明确）。

(2)请专家做出初步判断。在做好准备的基础上，邀请有关专家成立专家小组，将书面问题寄发各专家（如有其他资料，也随同寄发），请他们在互不通气的情况下，对所咨询的问题做出自己的初次书面分析判断，按规定期限寄回。

(3)请专家修改初次判断。为使专家集思广益，对收到各专家寄回的第一次书面分析判断意见加以综合后，归纳出几种不同判断，并请身份类似的专家予以文字说明和评论；再以书面形式寄发各专家，请他们以与第一次同样的方式，比较自己与别人的不同意见，修改第一次的判断，做出第二次分析判断，按期寄回。如此反复修改多次，直到各专家对自己的判断意见比较固定，不再修改时为止。在一般情形下，经过三次反馈，即经过初次判断和两次修改，就可以使判断意见趋于稳定。

(4)确定预测值。即在专家小组比较稳定的判断意见的基础上，运用统计方法加以综合，最后做出市场预测结论。

**【例 3.1】**

某空调机厂对某种型号的空调机投放市场后的年销售量进行预测，聘请 9 位专家应用德尔菲法，进行四轮的征询、反馈、修改汇总后得到如下数据（见表 3－1）。

表 3—1　　空调机销售量德尔菲法预测表　　单位：万台

| 征询次数 | 专家 | | | | | | | | | | |
|---|---|---|---|---|---|---|---|---|---|---|---|
| | 1 | 2 | 3 | 4 | 5 | 6 | 7 | 8 | 9 | 中位数 | 极差 |
| 1 | 58 | 45 | 23 | 52 | 27 | 24 | 30 | 22 | 19 | 27 | 31 |
| 2 | 49 | 45 | 25 | 43 | 26 | 24 | 29 | 24 | 23 | 26 | 23 |
| 3 | 48 | 45 | 26 | 40 | 26 | 25 | 27 | 24 | 23 | 26 | 22 |
| 4 | 46 | 45 | 26 | 40 | 26 | 25 | 27 | 24 | 23 | 26 | 20 |

从表 3—1 可以看出，专家的第一轮意见汇总得出的中位数为 27，极差为 31。数据表明，专家的意见相当分散。专家根据反馈意见，大多数人修改了自己的意见并向中位数靠拢，因此第二轮意见汇总后极差变小。但第四轮征询时，每位专家都不再修改自己的意见了，于是得出最终的预测值，可以认为年销售量将达到 26 万台，但极差达 20 万台。

2. 销售人员意见综合预测法

这里所指的销售人员除了直接从事销售的人员还包括管理部门的工作人员和销售主管等人员。销售人员意见综合预测法在实施过程中要求每一位预测者给出各自的销售额的“最高”“最可能”及“最低”预测值，并且就预测的“最高”“最可能”“最低”出现的概率达成共识。

这种预测方法的具体做法是：假设第 $i$ 位预测者（$i=1,2,3,4,5,\cdots,n$）给出的预测值为 $F_{ij}$，其中 $j=1$ 表示预测最高值，$j=2$ 表示预测最可能值，$j=3$ 表示预测最低值。最高预测值给出的概率是 $P_1$，最可能值给出的概率是 $P_2$，最低值给出的概率是 $P_3$。

于是第 $i$ 位预测者的预测值为 $Fi\sum P_jF_{ij}$（$i=1,2,3,\cdots,n,j=1,2,3$）

若第 $i$ 位预测者的意见权重为 $W_i$（$i=1,2,3,4,5,\cdots,n$），则最终预测结果为：$F=\sum W_iF_i$。

**【例 3.2】**

某公司销售经理和两位副经理对某地区本公司的产品的销售量进行预测，得到如表 3—2 所示数据，试求预测值。

表 3—2　　预测数据表　　单位：万元

| | 最高销量 | 最可能销量 | 最低销量 | 权重 |
|---|---|---|---|---|
| 经理 | 2 720 | 2 510 | 2 350 | 0.6 |
| 副经理甲 | 1 900 | 1 800 | 1 700 | 0.2 |
| 副经理乙 | 2 510 | 2 490 | 2 380 | 0.2 |
| 概率 | 0.3 | 0.4 | 0.3 | |

经理的预测值为：

0.3×2 720＋0.4×2 510＋0.3×2 350＝2 525

副经理甲的预测值：

0.3×1 900＋0.4×1 800＋0.3×1 700＝1 800

副经理乙的预测值：

0.3×2 510＋0.4×2 490＋0.3×2 380＝2 463

最终预测值:

0.6×2 525+0.2×1 800+0.2×2 463=2 367.6(万元)

3. 购买意向调查预测法

购买意向预测法是一种在市场研究中最常用的市场需求预测方法。这种方法以问卷形式征询潜在购买者未来的购买量,由此预测市场未来的需求。由于市场需求是由未来的购买者实现的,因此如果在征询中潜在的购买者如实反映购买意向的话,那么据此做出的市场需求预测将是相当有价值的。在应用这一方法时,对生产资料和耐用消费品的预测较非耐用品精确,这是因为对非耐用消费品的购买意向容易受到多种因素的影响而发生变化。

**【例 3.3】**

在某市区进行空调机需求的市场调研中,访问 500 个样本,被访者表明购买意向如下:

| | | |
|---|---|---|
| 一定会买 | 150 人 | 占 30% |
| 可能会买 | 75 人 | 占 15% |
| 不能决定是否购买 | 125 人 | 占 25% |
| 可能不会买 | 100 人 | 占 20% |
| 肯定不会买 | 50 人 | 占 10% |
| 总计 | 500 人 | 占 100% |

对于上述调查答案还必须进行某种加权处理才能得出符合实际情况的结论,如被访者回答一定会购买或可能购买可能包含夸大购买倾向的成分。被访者之所以具有这种夸大购买倾向的原因,一是为了给访问者一种满足,另一方面是因为回答时往往没有慎重考虑会影响购买的多种因素,仅仅是脱口而出而已。类似地,即使回答可能不会买或肯定不会买的被访者也有成为最终购买者的可能。根据这种分析,在实际处理时,可对每一种选择赋予适当的购买权重,如对一定会购买赋予权数 0.9,可能会购买赋予权数 0.2,肯定不会购买赋予权数 0.02,等等。如表 3—3 所示。

**表 3—3　　　　赋予权数**

| 选择答案 | 回答百分比 | 指定权数 | 加权百分比 |
|---|---|---|---|
| 一定会买 | 30% | 0.90 | 27% |
| 可能会买 | 15% | 0.20 | 3% |
| 不能肯定是否购买 | 25% | 0.10 | 2.5% |
| 可能不会买 | 20% | 0.03 | 0.6% |
| 肯定不会买 | 10% | 0.02 | 0.2% |

平均购买可能性=27%+3%+2.5%+0.6%+0.2%=33.3%

未来市场需求量=家庭总户数×平均购买可能性

假设这一地区共有家庭总数 200 万个,则该地区空调的未来可能购买量为:2 000 000×33.3%=666 000

(二)定量预测

1. 移动平均法

移动平均法是取预测对象最近一组历史数据的平均值作为预测值的方法。

这种方法不是仅取最近一期的历史数据作为下一期的预测值,而是取最近一组历史数据的平均值作为下一期的预测值。这一方法使近期历史数据参与预测,使历史数据的随机成分有可能互相抵消,平均所含的随机成分就会相应减少。

移动平均法的“平均”是指对历史数据的“算术平均”,而“移动”是指参与平均的历史数据随预测值的推进而不断更新。当一个新的历史数据进入平均值时,要剔除原先参与预测平均的陈旧的一个历史数据,并且每一次参与平均的历史数据的个数是相同的。

其计算公式为:

$$F_{t+1}=\frac{1}{n}\sum_{i=t+1-n}^{t}x_i$$

其中,$F_{t+1}$表示预测值,$x$ 表示历史数据,$n$ 表示参与平均的数据的个数。

**【例 3.4】**

某公司根据 2017 年 12 月的某产品的销量,采用移动平均法预测 2018 年 1 月份的销售量情况,求预测值并分析其误差。

**表 3—4　　移动平均法计算表**　　单位:万元

| 月序数 $t$ | 实际销量 ($X_t$) | 3 月移动平均值 ($F_{t+1}$) | 预测误差 ($X_{t+1}-F_{t+1}$) | 误差平方 $(X_{t+1}-F_{t+1})^2$ |
|---|---|---|---|---|
| 1 | 190.1 | | | |
| 2 | 220 | | | |
| 3 | 188.1 | | | |
| 4 | 198 | 199.3 | −1.3 | 1.7 |
| 5 | 210 | 202 | 8 | 64 |
| 6 | 207 | 198.7 | 8.3 | 68.9 |
| 7 | 238 | 205 | 33 | 1 089 |
| 8 | 241 | 218.3 | 22.7 | 515.3 |
| 9 | 220 | 228.7 | −8.7 | 75.7 |
| 10 | 250 | 233 | 17 | 289 |
| 11 | 261 | 237 | 24 | 576 |
| 12 | 270 | 243.7 | 26.3 | 691.7 |
| | | 260.3 | | |

2. 因果分析法

因果分析法也叫回归分析法,就是分析市场变化的原因,找出原因与结果的联系的方法,并据此预测市场未来的发展趋势。

在生产和流通领域的活动中,经常遇到一些处于同一个统一体中的变量。在这个统一体中,这些变量是相互联系、相互制约的,它们之间客观上存在着一定的关系。为了深入了解事物的本质,需要利用适当的数学表达式来表明这些变量之间的依存关系。微积分是研究完全确定的函数关系。然而,在许多实际问题中,不是由于变量之间的关系比较复杂,使人们无法得到精确的数学表达式,就是由于生产或实验过程中不可避免地存在着误差的影响,而使它们之间的关系具有某种不确定性。因此,需要用统计方法,在大量的实践或观察中,寻找隐藏在上述随机性后面的统计规律性。这类统计规律称为回归关系，有关回归关系的计算方法和理论通称为回归分析法。用回归分析法来分析一个或几个自变量($x$)的变动，推测另一个因变量($y$)变动的方向和程度，就是回归预测。回归预测主要分一元线性回归预测、多元线性回归预测、非线性回归预测等。

一元线性回归预测是运用一个在事物变动的诸因素中主要的和决定作用的自变量的变动，来推测另一个因变量的变动情况并得出它们之间的关系式，从而进行市场预测的一种方法。因为这两个变量之间的关系式一般呈线性关系，所以称线性回归预测法。它们相关的方向不同，又有正相关(顺相关)与负相关(逆相关)之分。例如，某地区居民人均年收入增加，某种耐用销售品的销售量也随之增加，其变动方向一致，因此称为正相关；如果根据商品流通费率的大小来预测商业利润的增减，由于流通费率增大，利润率就会随之降低，其变动方向是反的，就称为负相关。

一元线性回归法的公式为：$y=a+bx$

上式中 $y$ 为因变量，$x$ 为自变量，即引起市场变化的某影响因素；$a$、$b$ 为回归系数，其中 $a$ 是截距，$b$ 为斜率。在市场预测中，回归分析则是通过历年数据确定回归系数 $a$、$b$ 之值。推算 $a$、$b$ 值的常用方法是最小二乘法。公式为：

$$b=\frac{n\sum XY-\sum X\sum Y}{n\sum X^2-(\sum X)^2},a=\frac{\sum Y-b\sum X}{n}$$

$X$ 为自变量的取值，$Y$ 为因变量的取值。

**【例 3.5】**

现在以 2013—2017 年某地区居民人均年收入与某企业生产的某种耐用消费品的年销售量为例，如表 3—5 所示。

**表 3—5　　某地区居民人均收入和某种耐用消费品年销售表**

| 年份 | 人均年收入<br>$x$(万元) | $X^2$ | 年销售量<br>$y$(万台) | $xy$ | 年销售量理论值<br>(万台) |
|---|---|---|---|---|---|
| 2013 | 3 | 9 | 8.0 | 24 | 8.24 |
| 2014 | 4 | 16 | 9.5 | 38 | 9.32 |
| 2015 | 5 | 25 | 10.6 | 53 | 10.40 |
| 2016 | 6 | 36 | 11.5 | 69 | 11.48 |
| 2017 | 7 | 47 | 12.4 | 86.8 | 12.56 |
| $\sum$ | 25 | 135 | 52 | 270.8 | 52 |

根据上述公式，得：$b=1.08$，$a=5$

据此建立的预测模型为：

$y=5+1.08x$

当 2018 年居民人均年收入为 9 万元时，该企业的年销售量预测值为：

$y=5+1.08\times9=14.72$(万台)

案例

## 空调消费调研报告

2001年4月5—29日，深圳市标准市场研究公司在武汉、广州、成都3地同时进行了空调消费公益性调查。本次调查的对象为未来2年内准备购买空调的消费者，样本量设计为600个，广州、成都和武汉3个城市的样本量相同。本次调查抽样方法采用根据电话号码数据库等距抽取样本，主要进行消费者认知和购买行为调查。

一、空调消费者认知研究

（一）消费者最关注的内容是空调质量

根据调查显示，消费者表示最关注的是空调质量，其次是空调的服务、价格。

在我们对不同城市间空调消费者关注点差异性进行分析时发现，虽然3地消费者的选择差异性较小，但广州消费者更倾向于关注服务和价格，而对于质量则相对敏感度较差。

（二）消费者对空调新品的认知度总体比较高

（1）消费者对于绿色环保空调认知度较高。调查显示，近七成的消费者对绿色环保空调给予了肯定的评价，不过也有一成多的消费者对绿色环保空调持否定态度，有近二成的消费者对绿色环保概念理解不够。

（2）消费者对变频空调的认知度相对较低。调查显示，有60.3%的消费者对变频空调比较了解，这个比例比绿色环保空调低了近9个百分点，有近三成的消费者对变频空调不了解。

（3）消费者对静音空调的认知度最高。调查显示，84.1%的消费者对静音空调比较了解，和绿色环保、变频空调相比，这个比例都高出许多，另外广州和武汉两地有二成多的消费者认为静音是空调的必须要求。

（4）消费者受影响程度。消费者概念认同与实现消费还存在差异。调查显示，有六成多的消费者表示空调厂家的绿色健康、变频、静音等新品的宣传推广对购买决策存在不同程度影响，但也有二成多的消费者表示不会对自己的购买决策产生影响。

（三）消费者对空调价格认知调查

1. 消费者对空调降价普遍持欢迎态度

调查显示，有77.6%的消费者对空调降价持非常欢迎或欢迎的态度，看来空调降价已经是深入人心。

虽然3地消费者对空调降价态度的总体差异性较小，但对降价“非常欢迎”的消费者占总体的比例在3地有差别。

2. 消费者对空调降价原因认知调查

调查显示，消费者提及空调降价原因有许多方面，主要是增加产品竞争力、增加市场占有率、让利促销等，可以总结为直接或间接增加产品销量。从结果来看，还有一部分消费者认为是“厂家清理库存”“降低产品质量”，但总体比例相对较少，说明消费者总体对降价有正面的判断。看来空调厂家所担心的降价负面影响虽然在一定程度上存在，但所占比例相对较小。

3. 消费者心理价位调查

消费者对自己所要购买的空调类型做出心理价位判断，调查显示，消费者对空调的心理价位集中在2 000—4 000元。

空调的功率是空调价格的决定因素之一，消费者大多选择功率为1—2匹的空调，占总体样本比重的61.8%，另外购买3匹等大功率空调的消费者也有近一成的比重。1匹及1匹以下的空调，消费者可接受的心理价位比例最多的在2 000—3 000元，1.5匹的心理价位集中在3 000—4 000元，2匹及2匹以上空调的心理价位集中在5 000—7 000元。

二、消费者购买行为调查

(一)消费者对空调的购买类型

冷暖机和单冷机各有所好。是买单冷机还是购买冷暖机，与气候及生活消费习惯有关系。调查显示，有57.7%的消费者选择购买冷暖机，有40%的消费者选择购买单冷机。

对于窗机、壁挂机、柜机乃至中央空调的选择来看，消费者最喜欢壁挂机，其次是柜机，说明壁挂机仍然是市场的主流空调产品；窗机作为档次较低的空调类型，由于其噪声及制冷量的限制，有逐渐被市场淘汰的趋势；而柜机作为制冷量高的高档空调已经开始逐步被市场接受。

相对而言，广州消费者比较喜欢窗机，而成都和武汉的消费者则较喜欢柜机。具体分析可以看出由于受到消费习惯的影响及居住水平的限制，造成了柜机在广州的容量小，而窗机在成都和武汉不受欢迎的市场状况。

(二)促销——想说爱你不容易

空调促销在某种程度上可以增加销售量，但促销不是最主要的营销手段。调查显示，有五成多的消费者选择不一定或者不会在促销期间购买空调，说明了大部分消费者在购买空调时不会刻意选择在促销期间。

比较而言，广州的消费者更接受在促销期间购买空调，成都和武汉的消费者对促销期间购买空调的抵触大一些。具体分析可以看出，由于广州的市场规模大和市场意识较强，消费者也相对习惯市场促销手段，所以相对较多的人会选择促销期间购买空调。

(三)家电连锁商场和大型电器商场是主战场

调查显示，有46.9%的消费者会考虑在大型电器商场购买空调，有近四成的消费者选择在大型综合性商场和专卖店购买空调。值得注意的是，有27.2%的消费者考虑在家电连锁商场购买空调，说明家电连锁商场已经开始为消费者接受。

(四)报纸刊物、电视等仍然是信息传播的主渠道

调查显示，有58.6%的被访者表示空调信息的来源是报纸刊物，有47.1%的消费者由电视中得知，另外还有卖场和朋友同事介绍等。这说明报刊和电视仍然是影响消费者的主导因素，口碑传播也起着一定的作用。

空调作为消费品，会更大程度上借助报刊、电视等媒介实现非营利性组织、厂家和消费者之间的沟通。厂家通过这些媒体主要以广告和软性新闻的形式向消费者传达信息，但信息传递会出现失真或具有倾向性，所以在许多情况下，消费者更相信口碑传播。厂家如何使得自己的投资收益率更高、消费者认同感更强，这需要和专业的市场研究公司合作，进行广告的前期测试、后期评估及跟踪调研。

三、结束语

空调厂家概念宣传和新品推广需注意如下问题：

(1)能否在第一时间内推出功能更新和科技含量更高的产品，不仅会对本企业整个产品线产生影响，而且会影响到整个品牌的知名度和美誉度。

(2)质量和服务才是本质需求诉诸点。空调厂家在加强研发实力不断推出新品的同时，更要加强质量保证和提高服务水平。只有在质量和服务水平达到一定的层次，而且差异化不大的前提下，新品才起到决定性作用。

(3)有必要进行广告效果评估。市场优势的保持需要长期的、有层次的宣传推广，要降低

成本、减少浪费，这就需要考虑成本和效果的最佳比例，借助广告效果评估和专业的市场调研等支持决策。

(4)空调概念要和消费者的利益相吻合。需求有主要需求和次要需求之分，额外的功能会带来额外的花费，消费者会在目标价位水平上寻求平衡点。只有最大限度地满足消费者的主要利益点才能激发消费者的购买欲望，所以具有针对性地迎合消费者的主要需求才是概念炒作的核心内容。

**讨论：**

(1)影响消费者对家电产品购买行为的因素有哪些？

(2)如果你是空调生产商，这份调研报告的价值体现在哪些方面？

(3)谈谈目前空调市场的现状，并结合一具体空调企业作深度说明。

## 课后习题

### 一、单项选择题

1. 一部正在畅销的小说被作者、编剧改编成电视连续剧，并投入制作，搬上荧屏，这是信息的(　　)特征。

A. 可检索性　　B. 可共享性　　C. 可转换性　　D. 可存贮性

2.“订单—发货—账单”的循环是(　　)的核心。

A. 营销情报系统　　B. 营销分析系统

C. 内部报告系统　　D. 营销调研系统

3. 运用科学的方法，有目的、有计划地收集、整理和分析研究有关市场营销方面的信息，提出解决问题的建议，供营销管理人员了解营销环境，发现机会与问题，作为市场预测和营销决策的依据，我们把它称为(　　)。

A. 营销信息系统　　B. 市场调研

C. 市场预测　　D. 决策支持系统

4. 企业在情况不明时，为找出问题的症结，明确进一步调研的内容和重点，通常要进行(　　)。

A. 探测性调研　　B. 描述性调研

C. 因果关系调研　　D. 临时性调研

5. 市场营销调研划分为探测性调研、描述性调研和因果关系调研，其划分的标准是(　　)。

A. 调研时间　　B. 调研范畴　　C. 调研内容　　D. 调研目的

6. 在已明确所要研究问题的内容与重点后，拟定调研计划，进行实地调查，收集第一手资料，如实地反映情况和问题，这是属于(　　)。

A. 探测性调研　　B. 描述性调研

C. 因果关系调研　　D. 定期性调研

7. 为了弄清市场变量之间的因果关系，收集有关市场变量的数据资料，运用统计分析和逻辑推理等方法，判明变动原因和结果以及它们变动的规律，这是属于(　　)。

A. 探测性调研　B. 描述性调研
C. 因果关系调研　D. 定期性调研

8. 收集第一手资料的主要工具是(　　)。

A. 计算机　B. 乱数表　C. 调查表　D. 统计年鉴

9. 在其他条件相同的情况下,(　　)的抽样误差较小,样本代表性较好。(　　)

A. 纯随机抽样　B. 机械抽样
C. 类型抽样　D. 整群抽样

10. 用抽样方法,从母体中抽出若干样本组成固定的样本小组,在一段时期内对其进行反复调查以取得资料,这种资料收集方法是(　　)。

A. 观察调查　B. 固定样本连续调查
C. 类型抽样　D. 询问调查

11. 随着行业营销费用的增加,刺激消费的力度加大,市场需求一般会随之增大,但当营销费用超过一定水平后,就不能进一步促进需求,市场需求达到极限值,这个极限值被叫作(　　)。

A. 市场需求　B. 企业需求
C. 市场潜量　D. 市场最低量

12. 某公司为了测量在某一省会城市的空调市场潜量,您认为应采用(　　)。

A. 购买力指数法　B. 市场累加法
C. 德尔菲法　D. 连锁比率法

13. 在营销调研的基础上,运用科学的理论和方法,对未来一定时期的市场需求量及其影响因素进行分析研究,寻找市场需求发展变化的规律,为营销管理人员提供未来市场需求的预测性信息,作为营销决策的依据,这被叫作(　　)。

A. 市场开发　B. 市场调研　C. 市场预测　D. 市场控制

14. 通过直接询问购买者的购买意向和意见,据以判断销售量,这种购买者意向调查法适用于(　　)。

A. 长期预测　B. 短期预测
C. 消费品预测　D. 中期预测

15. 某产品的销售额时间序列符合加法模型 $Y=T+C+S+E$,此模型中的 $T$ 是指(　　)。

A. 趋势变动　B. 周期变动　C. 季节变动　D. 随机波动

16. 运用直线趋势法对某商场连续 7 年的营业额建立的直线趋势方程为 $Y=0.5+0.3x$(亿元),则第 8 年可能实现的营业额预测值是(　　)。

A. 2.6 亿元　B. 2.9 亿元　C. 0.8 亿元　D. 1.7 亿元

## 二、多项选择题

1. 信息按照内容可划分为三类,它们是(　　)。

A. 传闻　B. 消息　C. 隐私　D. 资料
E. 知识

2. 信息的主要功能是(　　)。

A. 流动功能　B. 中介功能　C. 存贮功能　D. 联结功能

E. 放大功能

3. 市场调研计划的内容主要包括(　　)。

A. 资料来源　　B. 调研方法　　C. 调研工具　　D. 抽样计划

4. 在实地调查过程中,收集资料通常采用的方法是(　　)。

A. 固定样本连续调查　　B. 观察调查

C. 抽样调查　　D. 实验法

E. 询问调查

5. 随着行业营销费用的增加,刺激消费的力度加大,市场需求(　　)。

A. 也随之增长　　B. 无限制地增长

C. 随着市场环境的不同而有所不同　　D. 报酬率由递增转入递减

E. 随产品类别不同而有不同的增长速度

6. 市场调研根据调研的目的划分,可包括(　　)。

A. 探测性调研　　B. 描述性调研

C. 经常性调研　　D. 临时性调研

E. 因果性调研

7. 产品销售的时间序列,其变化趋势主要是(　　)共同作用的结果。

A. 趋势因素　　B. 周期因素

C. 季节因素　　D. 不确定因素

E. 复合因素

8. 市场试验法预测时,主要适用于(　　)。

A. 新产品投放市场　　B. 老产品开辟新市场

C. 原料　　D. 机器设备

E. 启用新分销渠道

## 三、判断题

1. 信息是事物运动状态以及运动方式的表象,由数据、文本、声音和图像四种形态组成。(　　)

2. 知识也是属于信息的范畴。(　　)

3. 只有文字、数据类的信息,才能用某种物理介质贮存起来。(　　)

4. 信息在通过人际渠道传递过程中,可能会使接收者接收的信息与信息源发出的信息有很大的差异,即信息传递发生了失真现象。(　　)

5. 探测性调研一般要进行实地调查,收集第一手资料。(　　)

6. 描述性调研主要是收集、整理和分析第二手资料。(　　)

7. 收集第一手资料通常花费较大、周期长,但能掌握市场的即时信息。(　　)

8. 抽样调查依照同等可能性原则在所调研对象的全部单位中抽取一部分作为样本,因此抽样调查的目的是为了掌握样本的情况。(　　)

## 四、填空题

1. 信息对人类社会的三大功能是:中介功能、联结功能和________功能。

2. 市场营销信息除具有信息的一般特征外,还具有目的性、系统性和________的特征。

3. 在竞争性的市场上，无数市场营销活动参与者以买者和卖者的身份交替出现，他们既是信息的发布者，也是信息的________。

4. 内部报告系统主要用于向管理人员提供内部运营的“结果资料”，而市场营销情报系统则用于提供外部环境的________。

5. 在市场营销决策过程中，营销经理需要________与微观营销环境各方面的信息，营销信息系统的任务即是适时提供所需信息，并作为决策的依据。

6. 营销分析系统，通常由________、统计库和模型库三部分组成。

7. 市场营销调研按________可分为一次性调研、定期性调研、经常性调研和临时性调研。

8. 因果关系调研的目的是为了弄清市场变量之间的________，掌握相互之间的变动规律。

9. 市场调研通常从收集________开始，必要时再采用各种调研方法收集第一手资料。

10. 调研人员在完成市场调研活动之后，向营销主管提出与进行决策有关的调研成果，通常表现为书面________。

11. 潜在市场的规模，取决于现实顾客与潜在顾客________的多少。

12. ________指在市场需求总量中企业所占的份额。

13. 在市场竞争中，企业的市场占有率与其营销努力成________。

14. ________是指公司的营销努力相对于竞争者不断增大时，企业需求所达到的极限。

15. 时间序列分析法主要特点是以________的推移来研究和预测市场需求趋势。

# 第四章 市场细分和目标市场

【知识目标】

1. 了解市场细分、目标市场、市场定位的内容;

2. 掌握市场细分的概念和方法,能应用市场细分原理、目标市场选择策略及市场定位方法;

3. 分析企业目标市场营销中存在的各种问题。

【能力目标】

1. 能够进行产品的目标市场定位;

2. 了解市场细分管理工作。

【导入案例】

### 麦当劳瞄准细分市场需求

麦当劳作为一家国际餐饮巨头,创始于20世纪50年代中期的美国。由于当时创始人及时抓住高速发展的美国经济下的工薪阶层需要方便快捷的饮食的良机,并且瞄准细分市场需求特征,对产品进行准确定位而一举成功。当今麦当劳已经成长为世界上最大的餐饮集团,在109个国家开设了2.5万家连锁店,年营业额超过34亿美元。其成功经验:一是麦当劳根据地理要素细分市场。麦当劳刚进入中国市场时大量传播美国文化和生活理念,并以美国式产品牛肉汉堡来征服中国人。但中国人爱吃鸡,与其他洋快餐相比,鸡肉产品也更符合中国人的口味,更容易被中国人所接受。针对这一情况,麦当劳改变了原来的策略,推出了鸡肉产品。在全世界从来只卖牛肉产品的麦当劳也开始卖鸡了。这一改变正是针对地理要素所做的,也加快了麦当劳在中国市场的发展步伐。二是麦当劳根据人口要素细分市场。麦当劳以孩子为中心,把孩子作为主要消费者,十分注重培养他们的消费忠诚度。在餐厅用餐的小朋友,经常会意外获得印有麦当劳标志的气球、折纸等小礼物。在中国,还有麦当劳叔叔俱乐部,参加者为3—12岁的小朋友,定期开展活动,让小朋友更加喜爱麦当劳。这便是相当成功的人口细分,抓住了该市场的特征与定位。三是麦当劳根据心理要素细分市场。针对方便型市场,麦当劳提出"59 秒快速服务"，即从顾客开始点餐到拿着食品离开柜台的标准时间为 59 秒，即不得超过一分钟。

## 第一节　市场细分的概念和作用

### 一、市场细分的概念

市场细分理论是由美国著名市场学家温德尔·斯密(Wendell R. Smith)在 20 世纪 50 年代中期提出来的。所谓市场细分，是指根据某一个标准将一个整体市场划分为两个或两个以上的顾客群体，每个需求特点相类似的顾客群就构成一个细分市场或子市场。在各个不同的细分市场上，顾客的需求有较明显的差异，而在同一细分市场上需求基本相似。

过去，在旧的经营思想的指导下，营销者没有市场细分概念，随着经济社会的发展，其产生与发展经历了以下几个主要阶段。

(一)大量营销阶段(mass marketing)

在这一阶段，企业市场营销的基本方式是大量营销，即大批量生产品种规格单一的产品并通过大众化的渠道推销。由于大批量生产降低了成本，产品迅速占领了市场，经营者获得了较丰厚的利润。例如，福特公司早期开发的黑色 T 型车。改革开放之前我国服装市场上大量销售的品种颜色单一的中山装，其缺点显而易见，就是产品样式单一，无法满足消费者的多样化需求 。

(二)产品差异化营销阶段(product differentiation marketing)

在 20 世纪 30 年代，发生了震撼世界的资本主义经济危机，西方企业面临产品严重过剩。市场迫使企业转变经营观念，企业营销方式经历了从大量营销向差异化营销的转变。产品差异化营销较大量营销是一种进步。但是，由于该策略的前提是以企业现有的能够提供的设计、技术为基础进行的生产，结果是使企业向市场推出了多种质量、外观和品种规格等与竞争者不同的产品或产品线。由于其产品差异化缺乏市场基础，因此不能大幅度提高产品的适销率。由此可见，在产品差异化营销阶段，企业仍没有重视市场需求的研究，市场细分战略仍无产生的基础和条件。

(三)目标营销阶段(target marketing)

这一阶段，企业通过市场细分将一个或几个子市场选为自己的目标市场，专门研究目标市场的需求特点，并针对其特点设计相适应的产品，确定适合的价格，选用恰当的分销渠道和促销手段，开展市场营销活动。例如，手机公司根据老年人的需要开发老人机，餐饮公司根据年轻人工作忙的需要提供外卖服务，服装公司根据不同的人制作职业装、儿童装等。毫无疑问，按照消费者的差异来划分市场，可以使企业有针对性地开发不同的产品，满足不同顾客的需要，从而充分利用新的市场机会占领更大的市场。

### 二、市场细分的作用

(一)细分市场有利于企业寻觅机会，选择市场

在发达的商品经济"买方市场"条件下，企业营销决策的起点在于发现具有吸引力的市场环境机会。这种环境机会能否发展成市场机会，取决于两点：其一，这种环境机会是否与企业战略目标相一致；其二，利用这种环境机会能否比竞争者具有优势，并获得显著收益。发展最

优的市场机会，对于中小企业至关重要。因为中小企业资源能力有限，技术水平相对较低，因此在市场上与实力雄厚的大企业相比，缺乏竞争力。通过市场细分，中小企业就可以根据自身的经营优势，选择一些大企业不愿顾及、市场需求量相对小一些的细分市场，集中力量满足某一特定市场的需求，即在整体竞争激烈的市场条件下，在某一局部市场取得较好的经济效益，在竞争中求得生存和发展。

（二）细分市场有助于掌握目标市场的特点

不进行市场细分，企业选择目标市场必定是盲目的；不认真地鉴别各个细分市场的需求特点，就不能进行有针对性的市场营销。中国粮油公司出口日本市场冻鸡的销售起伏，就是一个很有说服力的启示。20世纪60年代中国粮油公司向日本出口冻鸡销路一直很好。到70年代中期日本冻鸡市场竞争激烈，进口呈下降趋势，主要原因一是国内产量增加，二是泰国等厂商的竞争。中国粮油公司根据不同目标市场，将消费者分为饮食业用户、团体用户和家庭购买者，认真分析细分市场的特点，需求趋势和竞争状况，从而在经营中大获成功。

（三）细分市场有利于企业制订市场营销组合策略

市场营销组合是企业综合考虑产品、价格、促销形式和销售渠道等各种因素而制订的市场营销方案。市场细分有助于企业定义消费者的购买习惯、价格敏感度、要求的产品特色，同时也为广告和促销决策奠定了基础。

## 第二节　市场细分的标准

### 一、消费者市场细分依据

消费者的需求是千差万别的，影响消费者市场的因素也是错综复杂的，对消费者市场细分依据的标准一般为四大类：地理细分、人口细分、心理细分和行为细分。

（一）地理细分

按照消费者生活居住的地理环境来细分市场，比如，根据国家、地区、南方北方、丘陵平原、城市农村、交通环境等方面的差异将整体市场分为不同的小市场。地理环境之所以作为市场细分的依据，是因为处在不同地理环境下的消费者对于同一类产品往往有不同的需求与偏好，消费者的消费习惯也有很大的差异。比如，在我国南方沿海一些地区，人们在炒菜的时候经常会加一些糖，而内陆的许多消费者则觉得不可思议；又如，平原地区与丘陵地区的消费者在交通工具的需求上有诸多不同。

按照地理因素进行市场细分比较容易进行衡量和运用，它基本上是一个相对稳定的因素，但却不是影响消费者需求的唯一因素，同一地理环境的消费者也常有不同的需求，因此企业在按照地理环境进行细分市场时，也应该考虑其他因素。

（二）人口细分

人口细分是指企业按照人口变量来进行市场细分，也就是以人口变量比如年龄、性别、家庭规模、家庭生命周期、收入、职业、教育程度、宗教、种族、国籍等为基础进行细分市场。消费者需求、偏好与人口变量有着紧密的关系。比如，只有成年人的消费者才可能成为烟酒、化妆品、大件白色家电等的买主；而少年儿童的消费者可能是零食、玩具、儿童游乐场的顾客。人口统计变量比较容易衡量，有关数据相对容易获取，由此构成了企业经常以它作为市场细分依据的重要原因。

1. 性别

由于生理上的差别，男性与女性在产品需求上有很大不同，如在服饰、化妆品、交通工具上等方面均有差别。像现在的一些汽车制造商，有针对男性要求设计汽车，一般排量比较大，车身比较宽大，外形比较大气；而女性使用的汽车一般比较小巧玲珑，外形比较圆润漂亮，色彩比较鲜艳，同时还比较偏爱自动挡。

2. 年龄

不同年龄的消费者有不同的需求特点，如青年人对服饰的需求，与中年人的需求差异较大。青年人需要鲜艳、个性的服装，中年人需要端庄、素雅的服饰。

3. 收入

高收入消费者与低收入消费者在产品选择、休闲时间的安排、社会交际与交往等方面都会有所不同。比如，同是外出旅游，在交通工具以及食宿地点的选择上，高收入者与低收入者会有很大的不同。正因为收入是引起需求差别的一个直接而重要的因素，在诸如服装、化妆品、旅游服务等领域根据收入细分市场相当普遍。

4. 职业与教育

这是指按消费者职业的不同，所受教育的不同以及由此引起的需求差别细分市场。比如，教师、文艺工作者、工厂一线工人，他们对衣服、鞋子的需求必然有着很大的差异；又如，由于消费者所受教育水平的差异所引起的审美观具有很大的差异，诸如不同消费者对居室装修用品的品种、颜色等会有不同的偏好。

5. 家庭生命周期

一个家庭，按年龄、婚姻和子女状况，可划分为多个阶段。在不同阶段，家庭购买力、家庭人员对商品的兴趣与偏好会有较大差别。

（三）心理细分

心理细分是指按照消费者心理进行市场细分，即根据消费者的生活方式、个性、购买动机、消费习惯进行分类。心理因素是一个比较复杂的动态因素，销售者应根据消费者不同的心理变化，确定自己的目标市场。

1. 生活方式

一般来说，生活方式是指一个人对待工作、生活的特定习惯和倾向性态度。人们追求的生活方式不相同，则相应的消费需求也不相同，如：有的追求前卫个性，有的追求平静简单；有的追求刺激、冒险；有的追求稳定、安逸。服装生产企业，为“安分守己的”“时尚前卫的”不同的消费者分别设计不同服装；烟草公司针对“挑战型吸烟者”“随和型吸烟者”“谨慎型吸烟者”推出不同品牌的香烟，均是依据生活方式细分市场。

2. 个性

个性是指一个人比较稳定的心理倾向与心理特征，它会导致一个人对其所处环境做出相对一致和持续不断的反应。俗语说：“人心不同，各如其面”。每个人的个性都会有所不同。通常，个性会通过自信、自主、支配、顺从、保守、适应等性格特征表现出来。因此，个性可以按这些性格特征进行分类，从而为企业细分市场提供依据。在西方国家，对诸如化妆品、香烟、啤酒、保险之类的产品，有些企业以个性特征为基础进行市场细分并取得了成功。

(四)行为细分

1. 购买时机

根据消费者提出需要、购买和使用产品的不同时机,将他们划分成不同的群体。例如,城市公共汽车运输公司可根据上班高峰时期和非高峰时期乘客的需求特点划分不同的细分市场并制定不同的营销策略;生产果珍之类清凉解暑饮料的企业,可以根据消费者在一年四季对果珍饮料口味的不同,将果珍市场消费者划分为不同的子市场。

2. 追求利益

消费者购买某种产品总是为了解决某类问题,满足某种需要。然而,产品提供的利益往往并不是单一的,而是多方面的。消费者对这些利益的追求时有侧重,如对购买手表有的追求经济实惠、价格低廉,有的追求耐用可靠和使用维修的方便,还有的则偏向于显示其社会地位等,不一而足。

3. 使用者状况

根据顾客是否使用和使用程度细分市场。通常可分为经常购买者、首次购买者、潜在购买者、非购买者。大公司往往注重将潜在使用者变为实际使用者,较小的公司则注重保持现有使用者,并设法吸引使用竞争产品的顾客转而使用本公司产品。

4. 使用数量

根据消费者使用某一产品的数量大小细分市场。通常可分为大量使用者、中度使用者和轻度使用者。大量使用者人数可能并不很多,但他们的消费量在全部消费量中占很大的比重。美国一家公司发现,美国啤酒的80%是被50%的顾客消费掉的,另外一半的顾客的消耗量只占消耗总量的20%。因此,啤酒公司宁愿吸引重度饮用啤酒者,而放弃轻度饮用啤酒者,并把重度饮用啤酒者作为目标市场。公司还进一步了解到大量喝啤酒的多数是工人,年龄在25—50岁,喜欢观看体育节目,每天看电视的时间不少在3—5小时。很显然,根据这些信息,企业可以有效改进其在定价、广告传播等方面的策略。

5. 品牌忠诚度

企业还可根据消费者对产品的忠诚度细分市场。有些消费者经常变换品牌,另外一些消费者则在较长时期内专注于某一或少数几个品牌。通过了解消费者品牌忠诚情况和品牌忠诚者与品牌转换者的各种行为与心理特征,不仅可为企业细分市场提供数据资料,同时也有助于企业了解为什么有些消费者忠诚本企业产品,而另外一些消费者则忠诚于竞争企业的产品,从而为企业选择目标市场提供启示。

6. 购买的准备阶段

消费者对各种产品了解程度往往因人而异。有的消费者可能对某一产品确有需要,但并不知道该产品的存在;还有的消费者虽已知道产品的存在,但对产品的价值、稳定性等还存在疑虑;另外一些消费者则可能正在考虑购买。针对处于不同购买阶段的消费群体,企业进行市场细分并采用不同的营销策略。

7. 态度

企业还可根据市场上顾客对产品的热心程度来细分市场。不同消费者对同一产品的态度可能有很大差异,如有的持肯定态度,有的持否定态度,还有的则处于既不肯定也不否定的无所谓态度。针对持不同态度的消费群体进行市场细分并在广告、促销等方面应当有所不同。

# 第三节　目标市场

## 一、目标市场选择的原则

市场细分是确定目标市场的基础。在市场细分的基础上，企业无论采取什么策略，也无论选择几个细分市场，所确定、选择的目标市场必须具有最大潜力，能为自己带来最大利润。因此，在确定目标市场时，应该遵循以下三个原则：

(1)所确定的目标市场必须足够大，或正在扩大，以保证企业获得足够的经济效益。

(2)所选择的目标市场是竞争对手尚未满足的，因而有可能属于自己的市场。

(3)所确定的目标消费者最可能对本品牌提供的产品(品牌)做出肯定反应。如果所选择的目标市场很大，但该市场的消费者对你的品牌不感兴趣，仍然不能获得利润。

## 二、目标市场策略

### (一)无差异性市场策略

采用此种策略时，企业对构成市场的各个部分一视同仁，只针对人们需求中的共同点而不管差异点。它试图仅推出一种产品，以单一的营销策略来满足购买群体中绝大多数人的需求。如某汽车厂生产4吨载重汽车，以一种车型、一种颜色、一个价格行销全国，无论企业或机关、城市或农村，都无例外。在无差异性市场策略下，企业视市场为一个整体，认为所有消费者对这一产品都有共同的需要，因而希望凭借大众化的分销渠道、大量的广告媒体以及相同的主题，在大多数消费者心目中建立产品形象。例如，在相当长的时间内，可口可乐公司因拥有世界性的专利，仅生产一种口味、一样大小和同一形状瓶装的可口可乐，连广告字句也只有一种。

无差异性市场策略的立论基础是成本的经济性，认为营销就像制造中的大量生产与标准化一样，缩减产品线可降低生产成本，无差异市场策略能因广告类型和市场研究的简单化而节省费用。然而，无差异性市场营销完全忽略了市场需求的差异性，将顾客视为完全相同的群体，致使越来越多的人认为，这一策略不一定算得上最佳策略，因为一种产品长期被所有消费者接受，毕竟罕见；并且，采用这一策略的企业，一般都针对最大的细分市场发展单一的产品与营销计划，易引起在此领域内的竞争过度，而较小的细分市场又被忽视，致使企业丧失机会。剧烈的竞争将使最大细分市场的盈利率低于其他较小细分市场的盈利率。认识到这一点，将促使企业充分重视较小细分市场的潜力。

### (二)差异性市场策略

采用此种策略时，企业承认不同细分市场的差异性，并针对各个细分市场的特点，分别设计不同的产品与市场营销计划，利用产品与市场营销的差别，占领每一个细分市场，从而获得大销量。由于差异性市场营销能分别满足各顾客群的需要，因而能提高顾客对产品的信赖程度和购买频率。

在差异性市场策略下，企业试图以多产品、多渠道和多种推广方式，去满足不同细分市场消费者的需求，力求增强企业在这些细分市场中的地位和顾客对该类产品的认同。近年来，由于大市场的竞争者增多，国外一些稍具规模的企业，都越来越多地实行差异性市场策略。例如，可口可乐公司现已采用各种大小不同的瓶装，加上罐装，推销网遍及世界各地。过去的美国雪佛莱汽车只是单一形式的低价品种，以一种规格型号卖给所有的顾客，现已有多种形式、多样车体及一系列新型品种，价格与特征也各有不同，以满足不同细分市场的需要。在工业品营销活动中，实行差异性市场策略的趋势正在发展，生产者接受不同买主、不同规格的订货日益增多。

尽管差异性市场策略能更好地满足不同消费者群的需要，并给予次要的细分市场以足够的注意，因而能够增加企业总销售量。但是，企业资源将被分散用于各个细分市场，企业产品的变动成本、生产成本、管理费用、存货成本和营销费用，势必随之增加。

（三）密集性市场策略

企业面对若干细分市场，无不希望尽量网罗市场的大部分及全部。但如果企业资源有限，过高的希望将成为不切实际的空想。明智的企业家宁可集中全力争取一个或少数几个细分市场，而不再将有限的人力、财力、物力分散于所有的市场。在部分市场若能拥有较高的占有率，远胜于在所有市场都获得微不足道的份额。在一个或几个细分市场占据优势地位，不但可以节省市场营销费用，增加盈利，而且可以提高企业与产品的知名度，并可迅速扩大市场。

无差异性市场策略或差异性市场策略是以整个市场为目标，而密集性市场策略则是选择一个或少数子市场为目标，它所追求的是在较小市场占有较大的市场份额。所以，采用密集性市场策略对目标市场的需求容易作较深入的调查研究，获得较透彻的了解；加之可能提供较佳的服务，企业常可在目标市场上获得较有利的地位和特殊的信誉；再加上生产及营销过程中作业专业化的结果，产品设计、工艺、包装、商标等都精益求精，营销效益大为提高。密集性市场策略也有较大的风险性，因为把企业的前途和命运全系于一两个细分市场，若该特定的目标市场遭遇不景气时，则企业将受到大的影响，甚至大伤元气。即使在市场景气时，有时也会招来有力的竞争者进入同一目标市场而引起营销状况的较大变化，致使在总需求增长不变或不快的情况下，使原企业的盈利大幅度降低。因此，多数企业在采取密集性市场策略的同时，仍然愿意局部采用差异性市场策略，将目标分散于多个细分市场中，以便获得回旋的余地。

## 三、影响目标市场选择的因素

（一）企业的实力

这包括企业的设备、技术、资金等资源状况和营销能力等。一般来讲，大型的企业实力比较雄厚，资金多，原材料比较充足，有条件采用无差异性市场策略和差异性市场策略；如果没有这个实力，就适合把力量集中起来专攻一个或两个市场。一般来讲，我国的中小企业比较适用密集性市场策略。

（二）产品的自然属性

这是指产品在性能、特点等方面差异性的大小以及产品特性变化的快慢。比如汽油、钢铁、原料，长期以来没有太大的变化，这类商品适宜采用无差异性营销策略，而特性变化快的商品，如服装、家具、家用电器等，适合采取差异性或密集性市场策略。

（三）市场差异性的大小

即市场是否“同质”。如果市场上所有顾客在同一时期偏好相同，对营销刺激的反应也相近，则可视为“同质市场”，宜实行无差异性营销策略；如果市场需求的差异性较大，则为“异质市场”，宜采用差异性或密集性策略。

（四）产品所处的市场生命周期的阶段

新产品在试销期和成长期较适合于采用密集性市场策略或无差异性市场策略，到了成熟期，一般适合采用差异性市场策略和密集性市场策略。

（五）竞争对手状况

一般来说，企业的目标营销策略应该与竞争对手有所区别，反其道而行之。假如竞争对手采用的是无差异性市场策略，以一种产品来供应所有的消费者，在这种情况下，要想打进市场，仍采用同一种策略就很难成功，应当采用差异性或密集性市场策略。当竞争对手已经采取了差异性营销策略，就不宜采用无差异性市场策略。

当然，上述只是一般性原则，实践中并没有固定模式，营销者应根据竞争双方的力量对比和市场具体情况灵活抉择。

## 第四节　市场定位

### 一、市场定位的含义及方式

定位这个词是由艾尔·里斯和杰克·屈劳特于1972年提出来的，即："定位并不是你对一件产品本身做什么，而是你在有可能成为你的顾客的人的心目中做些什么。也就是说，你得给你的产品在他们的心中定一个适当的位置。"不管企业是否意识到产品的定位问题，对于消费者来说，不同商标的产品在他们心目中会占据不同的位置，他们会在内心按自己认为重要的产品属性将市场上他们所知的产品进行排序。随着市场上商品越来越丰富，与竞争者雷同的产品，通常无法吸引消费者的注意。因此，企业应该根据竞争者现有产品的特色以及在市场上所处的地位，针对顾客对产品特征或属性的重视程度，强有力地塑造本企业产品与众不同的、形象鲜明的个性或特征，并把这种形象生动地传递给顾客。从这个意义上来说，目标市场定位是一种竞争性定位。

### 二、市场定位的步骤

（一）明确潜在的竞争优势

这是市场定位的基础。企业的竞争优势通常表现在两方面：成本优势和产品差别化优势。成本优势使企业能够以比竞争者低廉的价格销售相同质量的产品，或以相同的价格水平销售更高质量水平的产品；产品差别化优势是指产品质量、款式等与竞争者不同所形成的优势。

（二）相对的竞争优势

竞争优势是指企业能够胜过竞争对手的能力。这种能力既可以是现有的，也可以是潜在的。选择竞争优势实际上就是一个企业与竞争者各方面实力相比较的过程。比较的指标应是一个完整的体系，只有这样，才能准确地选择相对竞争优势。通常的方法是分析、比较企业与竞争者在经营管理、技术开发、采购、生产、市场营销、财务和产品7个方面究竟哪些是强项，哪些是弱项，借此选出最适合本企业的优势项目，以初步确定企业在目标市场上所处的位置。

（三）独特的竞争优势

这一步骤的主要任务是企业要通过一系列的宣传促销活动，将其独特的竞争优势准确传播给潜在顾客，并在顾客心目中留下深刻印象。为此，首先，企业应使目标顾客了解、知道、熟悉、认同、喜欢和偏爱本企业的市场定位，在顾客心目中建立与该定位相一致的形象。其次，企业通过各种努力强化目标顾客形象，保持目标顾客的了解、稳定目标顾客的态度和加深目标顾客的感情来巩固与市场相一致的形象。最后，企业应注意目标顾客对其市场定位理解出现的偏差或由于企业市场定位宣传上的失误而造成的目标顾客模糊、混乱和误会，及时纠正与市场定位不一致的形象。

## 课后习题

### 一、选择题

1. 市场细分是20世纪50年代中期美国市场营销学家（　　）提出的。

A. 基恩·凯洛西尔　　B. 鲍敦

C. 温得尔·斯密　　D. 菲利普·科特勒

2.（　　）差异的存在是市场细分的客观依据。

A. 产品　　B. 价格　　C. 需求偏好　　D. 细分

3. 某工程机械公司专门向建筑业用户供应推土机、打桩机、起重机、水泥搅拌机等建筑工程中所需要的机械设备，这是一种（　　）策略。

A. 市场集中化　　B. 市场专业化

C. 全面市场覆盖　　D. 产品专业化

4. 属于产业市场细分标准的是（　　）。

A. 职业　　B. 生活格调　　C. 收入　　D. 采购方法

5. 依据目前的资源状况能否通过适当的营销组合去占领目标市场，即企业所选择的目标市场是否易于进入，这是市场细分的（　　）原则。

A. 可衡量性　　B. 可实现性　　C. 可盈利性　　D. 可区分性

### 二、简答题

1. 论述市场细分对企业的作用 。

2. 举例说明怎样给企业的产品进行定位?

3. 谈谈市场细分、目标市场和市场定位的关系。

### 三、案例分析题

**奇瑞QQ——"年轻人的第一辆车"**

"奇瑞QQ卖疯了！"在北京亚运村汽车交易市场2003年9月8日至14日的单一品牌每周销售量排行榜上，奇瑞QQ以227辆的绝对优势荣登榜首！奇瑞QQ能在这么短的时间内拔得头筹，归结为一句话：这车太酷了，讨人喜欢。

在北京街头已经能时不时遭遇"奇瑞QQ"的靓丽身影了，虽然只是5万元的小车，但是"奇瑞QQ"那艳丽的颜色、玲珑的身段、俏皮的大眼睛、邻家小女儿般可人的笑脸，在滚滚车流中是那么显眼，仿佛街道就是她一个人表演的T型台！

一、公司背景

奇瑞汽车公司成立于1997年，全称上汽集团奇瑞汽车有限公司。公司拥有整车外形等10多项专利技术，先后推出了SQR系列发动机和"奇瑞·风云"系列轿车，2003年4月推出

“奇瑞·QQ”系列和“奇瑞·东方之子”系列轿车。

奇瑞公司成立以来，在不到两年的时间里顺利实现3万辆轿车下线。2002年，奇瑞轿车产销量双双突破5万辆，比上年同比增长78.11%，在国内汽车市场占有率达到4.4%，成功跻身国内轿车行业“八强”之列，成为行业内公认的车坛“黑马”。与此同时，奇瑞轿车还连创5个国内第一，6次走出国门，以自己的不懈努力创造了中国汽车史上的奇迹。

二、微型车行业概述

微型客车曾在20世纪90年代初持续高速增长，但是自90年代中期以来，各大城市纷纷取消“面的”，限制微客，微型客车至今仍然被大城市列在“另册”，受到歧视。同时，由于各大城市在安全环保方面的要求不断提高，成本的抬升使微型车的价格优势越来越小，因此主要微客厂家已经把主要精力转向轿车生产，微客产量的增幅迅速下降。

在这种情况下，奇瑞汽车公司经过认真的市场调查，精心选择微型轿车打入市场。它的新产品不同于一般的微型客车，是微型客车的尺寸，轿车的配置。QQ微型轿车在2003年5月推出，6月就获得良好的市场反应，到2003年12月，已经售出28 000多辆，同时获得多个奖项。

三、QQ上市之路

2003年4月初，奇瑞公司开始对QQ的上市做预热。在这个阶段，通过软性宣传，传播奇瑞公司的新产品信息，引发媒体对QQ的关注。由于这款车的强烈个性特征和最优的性价比，媒体自发掀起第一轮的炒作，吸引了消费者的广泛关注。

**思考：**

1. 奇瑞QQ是如何细分轿车市场的？它为什么会取得经营成功？
2. 你认为现在的家庭轿车市场是否还需要细分？该如何细分？
3. 试比较奇瑞QQ和吉利轿车的市场细分。

# 第五章　产品策略

【知识目标】

1. 掌握产品的整体概念；
2. 掌握产品市场生命周期概念及各个阶段的特点；
3. 了解新产品开发的流程。

【能力目标】

1. 能够识别产品生命周期的各个阶段，具有制定相应的营销策略的能力；
2. 能够运用产品组合的理论来指导实践。

【导入案例】

### J牌小麦啤酒生命周期延长策略

国内某知名啤酒集团针对啤酒消费者对啤酒口味需求日益趋于柔和、淡爽的特点，积极利用公司的人才、市场、技术、品牌优势，进行小麦啤酒研究。2000年利用其专利科技成果开发出具有国内领先水平的J牌小麦啤。这种产品泡沫更加洁白细腻、口味更加淡爽柔和，更加迎合啤酒消费者的口味需求，一经上市便在低迷的啤酒市场上掀起一场规模宏大的J牌小麦啤概念的消费热潮。

## 一、J牌小麦啤的基本状况

J牌啤酒公司当初认为，J牌小麦啤作为一个概念产品和高新产品，要想很快获得大份额的市场，迅速取得市场优势，就必须对产品进行一个准确的定位。J牌集团把小麦啤定位于零售价2元/瓶的中档产品，包装为销往城市市场的500ML专利异形瓶装和销往农村、乡镇市场的630ML普通瓶装两种。合理的价位、精美的包装、全新的口味、高密度的宣传使J牌小麦啤酒于2000年5月上市后，迅速风靡本省及周边市场，并且远销到江苏、吉林、河北等外省市场，当年销量超过10万吨，成为J牌集团一个新的经济增长点。由于上市初期准确的市场定位使J牌小麦啤迅速从诞生期过渡到高速成长期。

高涨的市场需求和可观的利润回报使竞争者也随之发现了这座金矿，本省的一些中小啤酒企业不顾自身的生产能力，纷纷上马生产小麦啤酒。一时间市场上出现了五六个品牌的小麦啤酒，而且基本上都是外包装抄袭J牌小麦啤，酒体仍然是普通啤酒，口感较差，但凭借1元左右的超低价格，在农村及乡镇市场迅速铺开，这很快造成小麦啤酒市场竞争秩序严重混乱，J牌小麦啤的形象遭到严重损害，市场份额也严重下滑，形势非常严峻。J牌小麦啤一部分市场从高速成长期迅速进入了成熟期，销量止步不前；而一部分市场由于杂牌小麦啤酒低劣质量的严重影响，消费者对小麦啤不再信任，J牌小麦啤销量也急剧下滑，产品提前进入了衰退期。

### 二、J牌小麦啤的战略抉择

面对严峻的市场形势，是依据波士顿理论选择维持策略，尽量延长产品的成熟期和衰退期最后被市场自然淘汰，还是选择放弃小麦啤酒市场策略，开发新产品投放其他的目标市场？决策者经过冷静的思考和深入的市场调查后认为：小麦啤酒是一个技术壁垒非常强的高新产品，竞争对手在短期内很难掌握此项技术，也就无法缩短与J牌小麦啤之间的质量差异；小麦啤酒的口味迎合了当今啤酒消费者的流行口味，整个市场有较强的成长性，市场前景是非常广阔的，所以选择维持与放弃策略都是一种退缩和逃避，失去的将是自己投入巨大的心血打下的市场，实在可惜，而且研发新产品开发其他目标市场，研发和市场投入成本很高，市场风险性很大。如果积极采取有效措施，调整营销策略，提升J牌小麦啤的品牌形象和活力，使其获得新生，重新退回到成长期或直接过渡到新一轮的生命周期，自己将重新成为小麦啤酒的市场引领者。

事实上，通过该公司准确的市场判断和快速有效的资源整合，使得J牌小麦啤化险为夷，重新夺回了失去的市场，J牌小麦啤重新焕发出强大的生命活力，重新进入高速成长期，开始了新一轮的生命周期循环。

**思考：**

1. 分析J牌小麦啤的优势与劣势。
2. 如果你是公司的决策人，你会采取哪些具体措施来延长J牌小麦啤的生命周期？

## 第一节　产品的概念和分类

### 一、产品的概念

现代市场营销学认为，产品是能够在市场上得到的、用于满足人们需求和欲望的任何东西，包括实物、软件、服务、设计。简单地说，产品就是满足人们消费需求的一切物品和服务。

从外延上看，菲利普·科特勒等学者认为营销者需要考虑产品的5个层次。这5个层次更深入、更准确地表述了产品概念的含义。

（一）核心产品

核心产品是指向顾客提供的基本效用和利益。从根本上说，每一个产品实际上都是为顾客解决某个问题而提供的服务，例如顾客购买一台笔记本电脑，并不是为了买电器零部件的物体，而是它能满足顾客获取外部信息、娱乐休闲的需要。电脑的核心产品就是为了满足顾客休闲娱乐、获取信息这一效用和利益的，购买其他产品也是同样的道理。核心产品就是顾客追求的最基本内容。因此，企业在设计开发产品的时候，必须首先界定产品能够提供给顾客的核心利益，以此作为基本点。

（二）形式产品

形式产品是指核心产品借以实现的形式，形式产品有5个特征所组成，即质量、样式、特色、商标和包装。即使纯粹的劳务产品，也具有类似的形式特点。产品的效用必须通过一定的形式来展现，比如顾客在购买洗衣机的时候，总是考虑它的质量、样式、功能等后才进行购买的，这就是洗衣机产品的形式产品，营销者应该寻求更加完善的形式来吸引顾客。

（三）期望产品

期望产品是指消费者在购买产品时期望得到的与产品密切相关的一系列的属性和条件，比如人们在购买洗衣机的时候，期望该商品轻便容易移动，洗衣能够干净迅速，外观时尚漂亮，质量安全可靠，这些就是洗衣机产品的期望产品，营销者通过研究期望产品。可以更深入地了解消费者想要得到的产品的相关属性和条件，更好地满足顾客的需求。

（四）附加产品

附加产品又叫延伸产品，是指消费者购买产品时除了获得产品的基本效用外的全部附加利益的总和。例如，许多家电商家都提供运输、安装调试，同时提供5年免费上门维修的服务，这些都是商家这种产品的附加产品。随着人们生活水平的不断提高，不同企业提供的核心利益已经越来越相近，因此附加产品所提供的价值大小的重要性就越来越突出。正如美国市场营销专家西奥多·李威特所说：未来竞争的关键不是企业生产了什么产品，而在于其产品提供了哪些附加价值，即包装、服务、及时交货以及人们以价值来衡量的一切东西。

（五）潜在产品

潜在产品是指产品最终可能会带给消费者的全部附加产品和将来会转换的部分。潜在产品能够带给产品足够的差异化形象，给企业的产品带来竞争优势地位。这主要是通过提高顾客的满意度来实现的。例如，手机可以通过安装某些软件接入监控设备，从而成为监控设备的显示终端。那么，监控器就是手机的潜在产品，潜在产品指出了现有产品的未来发展趋势和前景，为此要求营销者要有长远的目光看问题，这样才能使企业得到持续的发展动力。

产品的5个层次清晰地体现了以顾客为中心的营销理念。这一概念的内涵和外延都是由消费者需求决定的。可以说，没有产品整体概念，就没有真正意义的现代营销观念。

## 二、产品的分类

（一）非耐用品、耐用品和劳务

(1)非耐用品，一般是指一种或多种用途的低值易耗品，如香皂、洗发精、酱油等，营销者应加强广告宣传来吸引顾客使用。

(2)耐用品，一般是指使用年限较长、价值较高的产品，通常有多种用途，比如白色家电、家具设备等，一般倾向于人员推销和服务等。

(3)劳务，是指为出售而提供的活动，如洗衣店和理发店，其特点是无形的、不可存储。劳务需要更多的质量控制和供应商信用。

（二）消费品分类

根据消费者的习惯，我们将消费品分为便利品、选购品、特殊品和非渴求品。

(1)便利品，是指顾客经常购买或需要时可以随时购买的产品，如纸巾、烟酒、肥皂等。便利品可进一部分成常用品、冲动品和救急品。常用品是指日常生活中顾客经常购买的产品，比如娃哈哈饮料、肥皂等；冲动品是指顾客没有计划而可以迅速购买的产品，比如报纸等，营销者应将这类产品放在合适的位置进行广泛营销；救急品是指顾客在需求紧急的情况下购买的产品，比如药品等。救急品的地点效用很重要，一旦顾客需要就能够购买到。

(2)选购品，是指顾客要对适应性、质量、价格和样式等基本方面做认真权衡比较的产品。选购品可以划分为同质品和异质品。消费者认为同质品的质量相同，但价格却明显不同，销售者必须与顾客讨价还价；但对消费者来说，在选购家具和其他异质品时，产品特色通常比价格更重要，销售者必须准备足够的样式以满足消费者不同的爱好，同时要强调产品的差异化特点。

(3)特殊品，是指具备独特特征或品牌标记的产品。对于此类产品，购买者一般愿意做出特殊的努力来购买，比如名人字画、有特殊意义的老汽车，销售者一般保证消费者购买的是真材实料的产品。

(4)非渴求品，是指消费者不了解或即使了解也不愿意购买的产品，包括人寿保险、百科全书、墓地等，营销者需要做广告和推销等大量的营销努力。

## 三、工业品分类

工业品是指企业为了生产经营而购买的物品和服务，可分为材料和部件、资本项目、供应品和服务。

(1)材料和部件，是指完全转化为制造商产成品的产品，包括原材料、半成品和部件、如农产品、构成材料(棉花、钢铁)和构成部件(制动器、发动机)。农产品由于其季节性和容易腐蚀的特点，决定了营销者要注意它的时间限制；构成材料和构成部件由于具有标准化的特点，消费者主要在意的是价格，这个是影响其购买的主要因素。

(2)资本项目，是指部分进入产成品的产品，它包括两部分，即装备和附属设备。装备包括建筑物(如车间厂房、办公大楼)、设备(如发电设备、电梯)，该产品的销售特点是要经过长久的谈判，制造商需要优秀的营销队伍，并提供售后服务。附属设备包括制造设备和工具以及办公设备，它们在生产过程中起辅助作用。这一市场的地理位置分散，用户众多，订购量很少，质量、价格和服务是顾客考虑的主要因素，经营者应广泛地分销，并有专业的技术人员进行指导。

(3)供应品和服务，是指不构成最终产品的产品，如打印纸、中性笔等。由于供应品相当于工业领域的方便品，因此顾客众多、产品价格低、地域分散，一般都是通过中间商销售，价格和服务是影响交易的重要因素。服务包括维修及修理服务、商业咨询服务，这一类通常以订立合同来提供服务。

## 三、产品组合

菲利浦・科特勒认为，产品组合即产品品种的搭配，是一个特定的销售者售与购买者的一组产品，它包括所有的产品线和产品项目。例如，日产公司拥有三条主要的产品线，即中高级轿车、SUV 和皮卡，而每个产品线又由众多的子产品线构成，每条产品线和子产品线又拥有许多单个的产品项目。产品组合的衡量标准可以分为产品组合的长度、宽度、深度和相关度。以下以上海家化为例来说明这些问题。

### (一)产品组合的长度

产品组合的长度是指企业产品组合中，所包含的产品的数量有多少。把企业所有产品线包括的产品项目加总，就可以在量上衡量企业产品组合的长度。如上海家化共有 25 个产品项目，这就是上海家化产品组合的长度。企业增加产品组合的长度，可以给予消费者多样化的选择，但种类过多也存在一些弊端，比如资金量需求大，由于不专业化，成本可能比专一企业高。

（二）产品组合的宽度

产品组合的宽度是指产品组合中包含的产品线的数量。产品线越多，产品组合越宽。上海家化有5条产品线，这就是在量上给予产品组合宽度的衡量。企业发展多条产品线，主要是为了降低经营风险。

（三）产品组合的深度

产品组合的深度是指企业每一产品线上产品种类的多少。例如，佳洁士牙膏有3种规格和5种配方（井盐爽白、去渍亮白、茶清新、美白抗敏、健齿护龈），佳洁士牙膏的深度就是15。通过计算每一品牌产品品种的数目，就可以计算出产品组合的平均深度。

（四）产品组合的关联性

产品组合的关联性是指各产品之间的关联性，这些关联性表现在最终用途、生产条件、分销渠道、技术或者其他方面。由于上海家化的产品大多为日化产品，并且可以使用相同的销售渠道，所以我们说上海家化的产品组合具有关联性。

## 四、产品组合策略

产品组合策略是指企业根据自己的目标和市场的需要，对产品组合的宽度、长度、深度和相关度进行最佳组合的决策。通常有以下几种组合策略：

（一）扩大产品线策略

扩大产品线是指公司超出现有的经营范围去拓展它的产品线。这种拓展可以有三种选择：

1. 向下扩展

即产品位于中端市场的企业，发展低档产品线。这种策略在以下三种情况下是可行的：第一，可以给企业带来大规模成长的机会；第二，可以防止低端市场潜在进入者的进入；第三，当中端市场处于停滞状态时，企业可以利用这种战略找到新的增长点。与此同时，向下扩展可能给企业原有品牌带来一定的影响，因此企业必须考虑新产品的品牌策略。有三种策略可供企业选择：一是使用原品牌，从而可以使新产品迅速地被消费者所接受，但这种策略下，一旦新产品失败，可能会给品牌声誉带来负面影响。二是用次级品牌推出新产品。这样一方面可以避免给原品牌带来负面影响的危险，另一方面也可以让新产品分享原品牌的声誉。三是新产品使用新品牌。这种策略可以避免对原品牌的负面影响，但增加了消费者对新产品认知的困难。

2. 向上扩展

即原来经营中低端产品的企业试图进入高端市场。这主要是因为高端市场具有较高的利润率，并且可以给企业带来较高的声誉。例如，日本企业在利用中低档汽车开拓美国市场后，随即推出了高档汽车雷克萨斯。

3. 双向扩展

这主要是指经营中档产品的企业同时推出高档产品线和低档产品线。这种策略通常是企业出于占领市场和竞争的需要。

（二）缩小产品线策略

缩小产品线主要是指企业对产品线中的产品项目进行剔除。这主要出于两个原因：第一，该产品已经有相应更高端的代替品，相对于市场来说不再具有价值；第二，企业没有能力继续经营该产品，这样可以使企业集中力量发展更多利润、竞争力更强的产品项目。

（三）产品线现代化

企业的产品线必须不断地进行升级换代，特别是电子产品。只有这样，企业才能吸引住更多的顾客，并且可以把现有顾客引向附加值较高的产品，从而获得高利润。但是，在现代化的速度和时机方面，企业应该谨慎地选择。缓慢的现代化风险较小、成本较低，但容易被竞争对手察觉，从而失去占领市场的先机；然而，过早的现代化也会对现有的产品线带来伤害。

## 第二节 产品的生命周期

### 一、产品生命周期的概念

菲利浦·科特勒认为，企业的产品市场生命周期对企业来说意味着四件事情：第一，产品有一个有限的生命，由于市场和技术条件的变化，一个产品不可能永远在市场上存在，而这个由诞生到消亡的过程则有长有短、有急有缓；第二，产品销售经过不同的阶段，每一阶段都对销售者提出了不同的挑战；第三，在产品生命周期不同的阶段，产品利润有高有低；第四，在产品生命周期不同的阶段，产品需要有不同的营销、财务、制造、购买和人力资源战略。

营销学者通常认为，产品的市场生命周期要经历 4 个阶段：市场导入期、市场成长期、市场成熟期和市场衰退期。

### 二、产品市场生命周期各阶段特点

（一）产品的市场导入期

1. 特点

销售增长缓慢，市场还没有完全接受新产品，销量较小，利润很低或根本不存在，消费者对产品和品牌缺乏足够的认知。

2. 原因

学者罗伯特·巴泽尔认为，市场导入期的产品缓慢增长的主要原因是：生产能力扩展上的延误；有待解决的技术问题；获得足够的分销零售网点上的延误；顾客不愿意改变以前的行为模式。对于昂贵的新产品，如高清晰度彩电，妨碍销售增长的原因还要添加其他因素，如产品的复杂性和只有少数购买者。另外，配套产品的缺乏也可能导致新产品市场增长缓慢。例如，数码相机推出后，由于电脑和打印机没有普及而使市场增长缓慢，而近年来，由于上述两种产品的大众化，数码相机也成为热销品。

（二）市场成长期

1. 特点

市场成长期的主要特点是销售量迅速增长；利润大量增加；消费者对产品的认知度增加；潜在进入者开始大量进入市场；竞争日趋激烈。

2. 利润增长原因

菲利普·科特勒认为，在市场成长期企业利润大量增加的主要原因是：促销成本被大量的销售量所分担；随着生产经验的增加，单位产品制造成本比价格下降得更快。

(三)市场成熟期

1. 特点

大多数潜在消费者已接受产品，销量增长乏力；同时，日趋激烈的竞争导致利润下滑，企业促销成本上升，个别企业面临被淘汰的危险；产业结构面临着从垄断竞争向少数垄断过渡。

2. 成长、稳定和衰退

成熟阶段可以进一步划分为三个阶段，即成长、稳定和衰退阶段。成长阶段是成熟中的成长，此时由于分销饱和而造成销售成长率开始下降。虽然还有一些潜在购买者会进入市场，但已经没有新的分销渠道可供开辟了。稳定阶段是成熟中的稳定，由于市场饱和，销售量增长与人口增长呈同一水平。几乎所有的潜在购买者都已经使用了产品，未来销量的增加必须寄希望于人口数量的增加。衰退阶段是成熟中的衰退，销售的绝对数量开始下降，顾客开始寻求其他产品和替代产品。

3. 行业结构的演变

处于产品市场成熟期的行业，行业结构呈现由几个巨型企业所垄断的趋势——也许是质量领先者、服务领先者和成本领先者，其余的补缺市场则被大批中小型企业所占领——包括市场专家、产品专家和产品定制者。

(四)市场衰退期

销售量下降趋势增强，市场不断萎缩，部分企业退出市场，利润率不断下降。

## 三、产品市场生命周期各阶段营销策略

典型的产品生命周期的 4 个阶段呈现出不同的市场特征，企业的营销策略也就以各阶段的特征为基点来制定和实施。

(一)导入期的营销策略

导入期的特征是产品销量少、促销费用高、制造成本高、销售利润很低甚至为负值。据此，企业应努力做到：投入市场的产品要有针对性；进入市场的时机要合适；设法把销售力量直接投向最有可能的购买者，使市场尽快接受该产品，以缩短导入期，更快地进入成长期。

在产品的导入期，一般可以由产品、分销、价格、促销 4 个基本要素组合成各种不同的市场营销策略。仅将价格高低与促销费用高低结合起来考虑，就有下面 4 种策略(见图 5—1)：

| | | 促销 高 | 促销 低 |
|---|---|---|---|
| 价格 | 高 | 快速撇脂 | 缓慢撇脂 |
| | 低 | 快速渗透 | 缓慢渗透 |

**图 5—1 价格促销矩阵**

1. 快速撇脂策略

即以高价格、高促销费用推出新产品。实行高价策略可在每单位销售额中获取最大利润，尽快收回投资；高促销费用能够快速建立知名度，占领市场。实施这一策略须具备以下条件：产品有较大的需求潜力；目标顾客求新心理强，急于购买新产品；企业面临潜在竞争者的威胁，需要及早树立品牌形象。一般而言，在产品导入阶段，只要新产品比替代的产品有明显的优

势，市场对其价格就不会那么计较。

2. 缓慢撇脂策略

即以高价格、低促销费用推出新产品，目的是以尽可能低的费用开支求得更多的利润。实施这一策略的条件是：市场规模较小；产品已有一定的知名度；目标顾客愿意支付高价；潜在竞争的威胁不大。

3. 快速渗透策略

即以低价格、高促销费用推出新产品，目的在于先发制人，以最快的速度打入市场，取得尽可能大的市场占有率；然后再随着销量和产量的扩大，使单位成本降低，取得规模效益。实施这一策略的条件是：该产品市场容量相当大；潜在消费者对产品不了解，且对价格十分敏感；潜在竞争较为激烈；产品的单位制造成本可随生产规模和销售量的扩大迅速降低。

4. 缓慢渗透策略

即以低价格、低促销费用推出新产品。低价可扩大销售，低促销费用可降低营销成本，增加利润。这种策略的适用条件是：市场容量很大；市场上该产品的知名度较高；市场对价格十分敏感；存在某些潜在的竞争者，但威胁不大。

（二）市场成长期营销策略分析

1. 企业应该改进产品质量，并且增加新产品的特点和式样

通过一段时间的市场投放之后，企业得到消费者的反馈，据此对产品质量进行改进，完善产品。在企业获得一定利润后，就可以增加产品的特色和式样，最大化市场规模，并且构筑市场壁垒。

2. 增加新式样和侧翼产品

市场成长期一个很大的特色就是潜在竞争压力迅速增加，新进入者和潜在进入者对市场开拓者造成莫大威胁，企业必须通过增加产品新式样和侧翼产品来抵御竞争者的进攻。

3. 进入新的细分市场

原有的细分市场由于竞争加剧而利润摊薄，企业必须通过进入新的细分市场来谋求新的利润增长点。

4. 进入新的分销渠道

在市场成长期，成长的动力来自于消费人群在数量上的增加，因此企业必须增加新的分销渠道，以满足潜在顾客的需要。

5. 广告从产品知名度转到产品偏好上

在市场成长期，消费者对产品有了一定了解，与此同时竞争品牌增加。在这一阶段，企业的广告目标应从提高产品知名度转变为培养消费者的品牌偏好。

6. 调整价格策略

居高不下的价格对潜在进入者造成了很大的诱惑，并且阻挡了很大一部分消费者需求的实现。因此，企业在市场成长期应该选择适当的时间降低产品价格，吸引对价格敏感的消费者进入市场。

（三）市场成熟期的营销策略分析

为了应对市场衰退期的销售量下降和市场萎缩的趋势，企业应从两个方面予以改进：

1. 市场改进

增加品牌消费者数量，这包括：吸引非顾客成为顾客；进入新的细分市场；争取竞争对手的顾客。

增加品牌消费者的使用数量，这包括：增加品牌消费者的使用频率；增加每个产品的使用量；增加产品的用途，例如小苏打就由于被消费者发现了新的用途而销售量大增。

2. 产品改进

企业通过对产品的改进来吸引更多顾客的购买。产品改进包括以下三个方面：

一是质量改进。通过增加产品的功能特性来吸引更多的顾客来购买，并且通过卓越的产品质量来塑造企业的竞争优势地位。

二是特点改进。特点改进的内容包括增加产品的新特点（如尺寸、重量、材料、添加物、附件等），从而扩大产品的多功能性、安全性和便利性。通过特点改进，企业可以进一步确立自己技术领先的形象，赢得细分市场的忠诚。特点改进还可以给企业带来免费的大众宣传。但是特点改进所带来的新特点又容易被竞争者所模仿，从而造成企业不断进行特点改进的压力。

三是外观改进。外观改进主要是对企业的产品增加美学诉求。消费者不仅重视产品的实际功能，也重视产品的外观设计，这一特点在手机上得到了完美的体现。例如，韩国的三星公司便是通过外观设计赢得市场青睐的典型，这缘于韩国有很多专事设计的小企业，这些小企业被称为 Design House（独立的第三方设计室）。所以，企业针对产品外观的改进也能够使其产品脱颖而出。

3. 营销组合的改进

这包括价格改进、分销改进和广告改进。

（1）价格改进。在市场成熟期，企业需要考虑是否需要通过削价来应付日益激烈的市场竞争，或者通过其他手段来促销，如赠券、有奖销售等。

（2）分销改进。在市场成熟期，企业同样需要考虑现有的分销渠道能否满足企业扩大市场的需求，能否对企业达成自己的战略目标予以帮助；是否需要进行渠道改进以应对新的竞争形势。

（3）广告改进。日趋激烈的竞争，要求企业对广告做出改进，这包括广告内容、广告媒体、广告设计、广告播出的频率和时间等。

4. 人员推销

在某些情况下，企业可以考虑加强人员推销的力度。

5. 服务改进

产品的同质化，导致企业在“红海”中厮杀。为了赢得高于平均水平的利润，企业可以考虑开辟“蓝海”，这就包括对企业的服务策略给予改进。企业服务策略的改进主要包括服务业务人员素质的提升、响应性的加强、服务面的拓宽等内容。

### （四）市场衰退期的营销策略分析

1. 选择是否继续在行业内经营

在市场衰退期，市场萎缩、销售量急剧下降，企业面临着是否退出市场的选择。除非拥有强有力的理由可以使企业在行业内继续保留下去，企业一般都应该迅速地退出市场。

2. 退出战略

凯瑟琳·哈里根总结了公司的 5 种退出战略：

（1）增加公司的投资（使自己处于支配地位或得到一个有利的竞争地位）。

（2）在未解决行业的不确定因素前，公司保持原有的投资水平。

（3）公司有选择地降低投资态势，抛弃无利润的顾客群体，同时加强对有利可图的补缺领域的投资。

(4)从公司的投资中收获(或榨取)利润,以便快速回收现金。

(5)尽可能用有利的方式处理它的资产,迅速放弃该业务。

# 第三节 新产品开发

## 一、新产品的概念和种类

(一)新产品的概念

新产品是一个相对的概念,我们可以用两条标准来界定新产品:

(1)本公司的新产品,即本公司第一次生产经营的产品,但在市场上并非第一次出现。

(2)市场新产品,即市场第一次出现的新产品。

(二)新产品的种类

根据以上对新产品的界定,可以将新产品划分为6种类型:

(1)新问世产品:开创了新市场的产品。例如,索尼公司发明的CD唱片。

(2)新产品线:在市场上已经存在,但对企业来说是第一次生产和经营的产品。

(3)现有产品的增补品:公司在已经建立的产品线上增补新产品(包括尺寸、口味、外观设计等)。

(4)现有产品的改进更新:提供改进性能或有较大的可见价值的新产品,并替代现行产品。

(5)市场重新定位:以新的市场或细分市场为目标的现行产品。

(6)成本减少:以较低的成本提供同样性能的产品。

## 二、新产品开发的程序

(一)创意的产生

创意的来源包括以下几个方面:

1. 顾客

从顾客的抱怨中,企业可以发现产品在哪些地方可以做出改进,从而产生新产品的创意,同时通过对消费者行为的研究也可以得到很多创意。

2. 员工

企业的员工也是创意的一个重要来源。具有创新力的员工,通常会提出很多有意义的创意,企业如果把这些创意收集起来,就会给企业带来很大的益处。例如,丰田公司的员工每年会提出200万个新创意,并且85%被企业采纳,从而给企业带来巨大的经济效益。

3. 专家

专家和学者的创意或发明,也是企业新产品的一个重要来源。

4. 竞争者

企业通过对竞争者产品和服务的观察也可以获得创意。把竞争者的产品和服务与企业的产品和服务作一个对比,从而发现消费者喜欢竞争者产品和服务的原因所在,便可以得到提升企业产品的路径。

5. 高层管理者

企业的高层管理者,能够接触到大量关于市场的信息,从而使得他们也能够提出很多创意。

创意的其他来源还包括发明家、专利代理人、大学和商业性的实验室、行业顾问、广告代理商、营销研究机构和工业出版物等。

（二）创意的筛选

企业不可能将所有的创意都付诸实施，因此必须有一个对创意进行筛选的过程。

1. 创意筛选程序

企业通常需要设立一名专事创意筛选的经理，专门负责收集各种创意，对这些创意进行筛选，并将创意分为三组：有前途的创意、暂时搁置的创意和放弃的创意；随后，创意经理将有前途的创意提交创意委员会作进一步的审核；最后通过审核的创意，将被企业付诸实施。

2. 创意筛选中的谬误

创意筛选过程中的谬误，会给企业带来或大或小的损失，因此对其必须给予足够的重视。

（三）产品概念的形成

创意必须转化为市场可接受的产品概念才能为企业所采用，并且为进一步的产品开发打下基础。

1. 形成产品概念

产品创意是提供给企业并为企业所接受的一个可能产品的设想，而产品概念则是用有意义的消费者术语来表达的详细的构想。通过以下几个问题的组合，一个产品创意可以转化为几个产品概念：

(1)产品的使用者是谁？

(2)产品对消费者的益处是什么？

(3)产品的使用场合在哪里？

2. 发展产品概念

通过上述步骤所形成的每一种产品概念都是一个类别概念；接下来的步骤是给每一个类别概念给予相应的市场定位；最后，产品概念发展成为品牌概念。

3. 产品概念测试

企业发展出来的产品概念要在目标消费者中进行测试，以察看该产品概念与市场的匹配度如何。在这一过程中，可以借助计算机绘制出未来产品的样子，随后让顾客发表对该产品的看法。对于秉持现代市场营销观念的企业来讲，必须在新产品开发过程中高度重视顾客的意见。

（四）新产品开发

新产品开发过程中，需要技术人员的通力配合。新产品开发的新技术是质量功能展开(QFD)。

1. 质量功能展开含义

质量功能展开最先由日本学者赤尾洋二(Yoji Akao)于1966年提出，并于1972年在三菱重工神户造船厂首次应用于实践。它主要是指把顾客需求转变为工程设计人员所能理解的工程指标，并逐步地部署到产品设计、开发、工艺设计和生产控制中的一种方法。它是一种提高产品质量、增加顾客满意度、增强产品竞争力和降低产品成本的新产品开发技术。

2. 质量功能展开的原理

消费者对产品的质量要求必须转化为工程技术语言，才能够为企业所操作。这样的要求叫质量要素。质量要素的具体质量指标为设计质量。例如，对于防盗报警系统来说，故障率低是用户的要求质量，其设计质量可以表述为：平均故障时间间隔 MTBF＝25 000 小时。消费者对产品质量要求有时候通过一项质量要素就可以达到，但有时候却需要通过一组质量要素才能满足。质量功能展开的基本工具是质量屋（HOQ）。

3. 质量功能展开的实施步骤

（1）产品规划阶段。把用户的要求质量转换为最终产品的工程特性，并通过技术竞争力能力评估（从技术角度出发对现有的竞争对手进行工程特性的评价）的结果来确定最终产品各项工程特性的目标值。

（2）零部件配置阶段。利用第一阶段确定的各项最终产品工程特性的目标值，在多个不同的方案间进行均衡比较，从多个方案中选一个最终方案，并通过零件配置矩阵将其转换为关键零件的特征。

（3）工艺规划阶段。以关键零件的特征作为输入，利用工艺规划矩阵，确定实现关键产品特性、零件特性及满足用户需求所必须保证的关键工艺参数。

（4）生产计划阶段。通过工艺质量控制矩阵为关键的零件特征和工艺参数选择适当的质量控制方法，以实现对上述参数的合理控制。

4. 新产品测试

新产品原型开发出来以后，还要面临一系列功能测试和消费者测试，以进一步对产品加以改进，为将来的商业化打下坚实的基础。

（1）功能测试。功能测试主要是把产品置于不同的环境中，从而检测产品是否能在不同的环境中表现出应有的功效，在此基础上给予产品进一步的改进。

（2）消费者测试。邀请一些消费者试用新产品，然后请消费者谈谈试用后的效果，在消费者意见基础上对产品作进一步的改进。

### （五）市场测试

市场测试就是新产品的试投放，选择一定的目标市场测试消费者和市场对产品的反应。市场测试的最终目的主要是为了了解消费者和经销商如何处理、使用和再购买产品。与此同时，市场测试的数量也是需要控制的，这主要受制于以下两个因素：一是投资成本和风险的影响；二是受到时间压力和研究成本的影响。既然市场可以分为消费品市场和企业市场，那么市场测试也就可以划分为消费品市场测试和企业市场测试。

### （六）商业化

企业将研发出来的产品正式投放市场，在这个时候，企业将面临巨大的成本。首先，企业需要在最优产量上做出抉择，产量太小，无法达到规模经济，也可能不能满足市场潜量的需要；过大的产量则可能造成产品的积压与库存。另外，企业也要很好地控制自己的营销成本。

如果企业是要用一种新产品来代替老产品，应该等老产品退出市场之后再推出新产品。

1. 产品投放市场的地理区域

企业在将新产品推出市场的时候，应该考虑是先投放到若干区域市场，还是向全国市场全面铺开，甚至打入国际市场。这些选择与企业的规模有很密切的关系。规模小的企业可以选择先占领区域市场，再逐步扩大市场规模的方法；规模大的企业则可以有较大的选择余地；如果企业要把新产品同时推向国际市场，则要考虑对产品进行重新设计，以适应目标国的风俗文化。在选择目标市场的时候，企业可以按照从易到难、从利润高到利润低的顺序来逐步扩大自己的市场。

2. 目标客户的选择

消费者个人的特征会影响他们对创新产品的使用。这包括：

(1)消费者的创新性。这反映的是消费者对创新产品的态度，有些消费者比较容易接受新事物，另外一些则对新事物持怀疑、排斥态度。

(2)教条性或教条主义。教条性或教条主义反映的是个体对不熟悉的事物或与其现有信念相抵触的信息在多大程度上持僵化立场的个性特征。非常教条主义的人对待新事物往往持僵化立场，而稍有教条主义的消费者则容易接受新事物。另外，教条主义倾向严重的人更可能接受带有“权威诉求”的新产品广告。

(3)社会性格。在心理学领域，社会性格是用来描述个体内倾的个性特质。内倾型的消费者倾向于运用自己内心的价值观或标准来评价产品，他们更可能成为创新采用者；相反，外倾型消费者倾向于依赖别人的指引来做出是非判断，因此成为创新采用者的可能性比较小。

(4)最适激奋水平。最适激奋水平反映的是消费者追求的生活方式刺激水平。如果生活方式缺乏刺激，消费者就会追求刺激，也就会采用创新产品；反之，如果生活过度刺激，消费者就会追求安宁。

因此，对于企业来讲，要首先找到倾向于采用新产品的消费者，把产品销售给他们。为了促使普通大众尽快采用新产品，最好能够找到意见领袖，他们具有率先采用新产品的天性，并且在普通消费者中具有较大的影响力。

3. 产品投放市场的方法选择

企业必须选择一个合适的方法将产品投放到市场上，当然这个方法要能够吸引到最多的注意力。例如，汽车厂商每推出一款新车，都要举行盛大的新车发布仪式，以吸引社会方方面面的注意。

## 课后习题

### 一、选择题

1. 在产品整体概念中最基本、最主要的部分是（　　）。

A. 核心产品　　B. 形式产品　　C. 潜在产品　　D. 附加产品

2. 按照整体产品的概念，产品被看作是（　　）。

A. 任何可以等价交换的有形物品

B. 任何可以等价交换的服务

C. 任何有形物品

D. 购买者需要得到的各种有形的利益和无形的满足感

3.（　　）是指产品线中的每一产品所包含的不同花色、规格、尺码、型号、功能和配方等数目的多少。

A. 产品组合的深度　　B. 产品组合的长度

C. 产品组合的宽度　　D. 产品组合的关联度

4. 在原有产品大类中又增加新的产品项目，这种做法属于（　　）。

A. 扩大产品组合策略　　B. 产品延伸策略

C. 产品差异化策略　　D. 最佳产品组合策略

5. 原定位于中档产品市场的企业掌握了市场优势之后，决定向产品大类的上下两个方向延伸，这种产品组合策略叫（ ）。

A. 向下延伸 B. 双向延伸 C. 向上延伸 D. 缩减产品组合

6. 扩展产品组合的宽度和加强产品组合深度的决策叫作（ ）。

A. 产品延伸 B. 产品大类现代化 C. 扩大产品组合 D. 缩减产品组合

## 二、简答题

1. 产品的向下延伸策略有哪些风险？
2. 新产品开发应遵循哪些原则？
3. 简述产品在成长期的市场营销策略。

## 三、案例分析题

### 开发狩猎靴：了解顾客需求

L. L. Bean公司位于美国缅因州，是美国著名的生产和销售服装以及户外运动装备的公司，于1912年开始生产狩猎靴。到20世纪90年代，公司已经发展到10亿美元资产，持续30多年年增长率都超过20%。为顾客着想这一理念始终贯穿于新产品开发的过程中。

一、了解顾客的真实感受

针对公司的狩猎靴，产品开发小组就要选定那些经常狩猎的人，设计一些问题，使其能够详细描述狩猎活动的感觉和环境，进而了解其对狩猎靴的感觉和希望。在访谈中，面谈者的工作就是要有一种非引导的方法来提出开放性的问题："你能给我讲述一下最近狩猎的一次经历、一个故事吗？""告诉我你最好的狩猎故事，它是怎样的经历？"然后非常安静地听顾客尽情讲述。两人小组的另外一位负责记录，一字一句地记录，不加过滤，不做猜测。通过这些在狩猎者家中或者具体的狩猎场所访谈，可以获得狩猎者的真实想法，而不是提问者的想法。小组人员的工作更多的是聆听。当结束一次面谈的时候，小组尽快详细回顾并整理面谈内容，因为这时会谈的场景和内容在脑海里还保存着清晰的记忆，能很快找出那些关键的印象深刻地描述出来。这样面谈20位狩猎者，产品开发小组获得了丰富的狩猎者的狩猎经历资料。

二、转化为产品需求和设计思想

所有的面谈结束后，整个开发团队进入隔离阶段，集中精力研究顾客需求，努力将顾客的语言翻译成一连串关于新的狩猎靴要满足的需求。由于收集了丰富的材料，队员们在白板上贴了数百个即时贴的便条，每个便条都是一个需求陈述。他们必须将所有这些需求浓缩成更加易于管理、便于利用的需求数目。团队采取投票的方式将需求按重要性排列，每一个投票都代表了他们面谈的猎人的需求。几个回合的投票逐渐地减少需求的数目。然后，团队成员将剩下的需求进行分组排列；再排列，形成更小的需求组。大家在归纳需求组的过程中并不相互讨论，这就迫使队员对自己所想不到的一些相互关联进行思考，而这种关联是别人正在思考而自己看来可能并不明显的。所以，这时候队员都在进行学习，团队逐渐地达成了一种共识。

最后，数量有限的几个需求组形成了。团队成员讨论关于每一组需求的新的陈述。作为一个团体，大家必须清楚这些小小的即时贴上的意见，是否完全抓住了队员思考的问题，描述是否准确。通过大量细致的工作，团队将每组的内容转化为一个陈述。这个流程进一步将需求的数目减少到大约12个。3天封闭会议结束的时候，L. L. Bean的产品开发团队形成了一份列有最终顾客需求的总结报告。此后便是将需求转化为设计思想的过程，头脑风暴会议是主要的讨论形式。比如“在靴子里装一个动物气味的发散装置，每走一步都会散发出一点点气味。像一个小型火车一样，气味从靴子里出来如同火车两侧的气体一股股喷出，只不过是无形的”。各种疯狂的主意中能得到产品最具创新变化的核心思想。如此反复讨论。

三、对新产品测试

这种新的狩猎靴设计原型生产出来后，被送往所有 L. L. Bean 公司希望改进其产品的地方——顾客，在产品最终要使用的环境中进行实际测试。为保证开发人员能够近距离地看到和听到这些顾客专家的意见，L. L. Bean 安排了一次实地旅行。在新罕布什尔的品可汉峡谷地区，L. L. Bean 集合了一组实地测试者来评审，包括导游、山顶装袋工、徒步旅行者、大农场管理员、滑雪巡逻队员等，这些顾客大部分是 L. L. Bean 公司好几个季节的测试者。会议的第一天花费在一次精力充沛的徒步旅行上，按每个人所穿的靴子的尺寸进行分组，每个人的包里都有两到三双靴子，几乎每个小时都要更换所穿的靴子产品，如穿 9 号的要与一个穿 8 号的交换靴子，有 L. L. Bean 生产的，也有竞争对手生产的。大家在各种环境里实验，及时记下对适应性、稳定性的评价，以便于公司及时做出调整。经过几个月的试用，公司获得了所有的改进建议。

在产品上市时的目录介绍中，公司能够通过测试期间的照片来说明种种问题，在推广产品时可以宣传整个测试过程，以便获得顾客的信赖。该种类型靴子在市场中很快获得认可，供不应求。

**思考：**

1. 请结合本章所学知识分析 L. L. Bean 公司的新产品开发的过程。
2. L. L. Bean 公司的新产品开发给我们什么启示？

# 第六章　产品的品牌与包装策略

【知识目标】

1. 掌握品牌和包装的基本概念；
2. 掌握品牌策略和包装策略的具体内容。

【能力目标】

1. 学会对产品进行包装；
2. 能够表述品牌策略的主要内容。

【导入案例】

**宝洁公司多品牌策略评析**

品牌延伸曾一度被认为是充满风险的事情，有的学者甚至不惜用“陷阱”去形容其风险之大。然而，综观世界一流企业的经营业绩，我们就不难发现，这其中既有像索尼公司那样一贯奉行“多品一牌”这种“独生子女”策略的辉煌，更有像宝洁公司这样大胆贯彻“一品多牌”策略，在国际市场竞争中纵横驰骋，尽显“多子多福”的风流。

宝洁公司是一家美国企业，其经营特点：一是种类多，从香皂、牙膏、漱口水、洗发水、护发素、柔软剂、洗涤剂，到咖啡、橙汁、烘焙油、蛋糕粉、土豆片，到卫生纸、化妆纸、卫生棉、感冒药、胃药，横跨了清洁用品、食品、纸制品、药品等多种行业。二是许多产品大多是一种产品多个牌子。以洗衣粉为例，他们推出的牌子就有汰渍、洗好、欧喜朵、波特、世纪等近 10 种品牌。在中国市场上，香皂用的是舒肤佳，牙膏用的是佳洁士，卫生巾用的是护舒宝，仅洗发水就有“飘柔”“潘婷”“海飞丝”三种品牌。要问世界上哪个公司的牌子最多，恐怕非宝洁莫属。

## 第一节 产品品牌的含义与作用

### 一、产品品牌的含义

企业竞争的最高层次表现为品牌之间的竞争。企业创建品牌的工作,是一项技术更是一项艺术。美国市场营销学会给予品牌的定义是:品牌是一种名称、术语、标记、符号或设计,或是它们的组合运用,其目的是借以辨认某个销售者或某群销售者的产品或服务,并使之同竞争对手的产品和服务区别开来。

### 二、品牌的作用

(一)将企业的产品与竞争者产品区别开来

品牌是企业产品的象征和标志。消费者通过品牌将企业的产品与竞争者的产品区别开来。对于企业来说,这形成了企业产品与竞争者产品的相对差异性,从而使得企业可以制定一个相对差异的价格;对于消费者来说,通过选择某个品牌的产品并进而形成品牌忠诚,可以在一定程度上降低购买的认知风险并减少精力和时间的耗费。

(二)保护企业的无形资产

品牌特别是知名品牌是企业的一项极其重要的无形资产。品牌中的商标通过注册后,就会受到法律的保护。这样一方面可以避免其他企业对企业品牌的模仿和假冒,另一方面也提高了消费者购买的信心。

(三)降低企业营销的难度

企业可以通过创建知名品牌,赢得市场竞争优势。这是因为,一方面,消费者很大程度上会选择熟悉的知名品牌来选购产品,从而增加企业推广其品牌的迫切性;另一方面,产品自身的特征会影响品牌的美誉度,这就促使企业努力提高其产品的性能,以满足消费者的需要。

## 第二节 产品品牌策略

### 一、品牌有无策略

企业首先要对是否创建品牌做出抉择。产品是否使用品牌要视企业产品的特征和战略意图来定,大多数产品需要通过品牌塑造来提升其形象,但有些产品则没有必要塑造品牌。这包括:(1)大多数未经加工的原料产品,如棉花、矿砂等;(2)同质化程度很高的产品,如电力、煤炭、木材等;(3)某些生产比较简单、选择性不大的小商品,如小农具;(4)临时性或一次性生产的产品。这类产品的品牌通常效果不大,因此企业不塑造品牌反而可以为企业增加利润。

### 二、品牌使用策略

企业在决定使用品牌之后,还要决定如何使用品牌。企业通常可以在三种品牌使用策略之间进行选择:(1)制造商品牌策略。企业创立品牌,从而赋予产品更大的价值,并从中获得品牌权益。(2)经销商品牌策略。实力强大的经销商会倾向于树立自己的品牌，而实力弱小无力塑造品牌的小企业则通过 OEM 来盈利。有一部分大企业也会把这种业务当作自己重要的利润来源，这是由于渠道实力的逐渐增强所导致的。(3)混合策略。企业对自己生产的一部分产品使用制造商品牌，而对另外一部分产品则使用中间商品牌。这种策略可以使企业获得上述两种策略的优点。

## 三、统分品牌策略

如果企业决定使用自己的品牌，那么还要进一步在使用单一品牌和使用多品牌之间做出抉择。

(一)统一品牌策略

企业对所有产品均使用单一的品牌。例如，海尔集团的所有家电均使用海尔品牌。单一品牌策略可以使企业的品牌效益最大化，使不同的产品都享受到品牌所带来的声誉，并建立企业对外统一的形象；但单一品牌也可能由于某些产品的失败而受损。

(二)个别品牌

企业对不同的产品使用不同的品牌。这种策略避免了品牌由于个别产品失败而丧失声誉的危险，同时有助于企业发展多种产品线和产品项目，开拓更广泛的市场。这种策略的主要缺点是品牌过多，不利于发挥营销上的规模性。这种策略适用于那些产品线很多、产品之间关联性较小的企业。

## 四、品牌延伸策略

品牌延伸策略是指企业利用已有的成功品牌来推出新产品的策略。例如，百事可乐在碳酸饮料取得成功之后，又推出了服装、运动包等产品。这种策略可以借助成功品牌的声誉将新产品成功地推向市场，节约了企业市场推广的费用，但新产品的失败则可能给原有品牌的声誉带来影响。

## 五、多品牌策略

多品牌策略是指企业为一种产品设计两个或两个以上的品牌。这种策略的主要优势在于：

(1)可以占据更多的货架空间，从而减少竞争者产品被选购的机会；

(2)可以吸引那些喜欢求新求异而需要不断进行品牌转换的消费者；

(3)多品牌策略可以使企业发展产品的不同特性，从而占领不同的细分市场；

(4)发展多种品牌，可以促进企业内部各个产品部门和产品经理之间的竞争，提高企业的整体效益。例如，宝洁公司的洗发水就拥有潘婷、海飞丝、飘柔等多种品牌。

# 第三节　产品包装的含义与作用

## 一、产品包装的含义

产品的包装通常是指产品的容器、包装物和装潢的设计。

(一)包装的层次

产品包装一般包括以下三个层次：

(1)基本包装，即商品的直接容器和包装物，例如盛装啤酒的瓶子、装香烟的纸盒。

(2)次级包装，即基本包装外层的包装。

(3)运输包装，即为了运输的安全和方便而加于产品之上的包装。

(二)产品包装的构成要素

(1)商标。企业一般要在包装的显著位置表明代表企业产品的商标。

(2)形状。包装的形状要便于搬运、储存与陈列，而且还要符合消费者的审美观念。

(3)颜色。颜色也是包装的一个组成部分，颜色的选用要能够突出产品的包装，并符合目标市场的文化要求。例如，中国联通将标志由蓝色改为红色，就是为了塑造一种亲顾客的形象。

(4)图案。包装上的图案要能够突出产品特色，并且清晰、易懂。

(5)材料。恰当的包装材料能够促进企业产品的销售，因此企业也要注意对包装材料的选择。

## 二、产品包装的作用

产品包装最初的作用在保护产品、方便运输。随着市场竞争的激烈，包装也已成为企业非价格竞争的一个重要手段。良好的包装能够为企业带来营销价值。产品包装的具体作用：

(一)保护产品

这是包装的基本功能，良好的产品包装能够保护产品在运输、储存过程中免于损坏。

(二)促进销售

设计精美、富有新意的包装能够起到吸引消费者的注意力、促销产品的功能。与此同时，包装也能体现产品的市场定位。例如，定位高端市场的产品通常拥有精美、豪华的包装。

(三)创造价值

(1)包装提高了产品的附加价值。消费者愿意购买包装精美、富有创意的产品。

(2)包装能够体现品牌形象。漂亮的包装是无声的广告。

(四)提供便利

不同的包装可以帮助消费者很方便地识别不同的产品，从而节约了消费者的时间和精力，同时，便利的包装也能够方便消费者携带和储存产品。

## 三、产品包装策略

鉴于产品包装在产品营销上的重要作用，企业对产品的包装工作必须给予足够的重视。对于企业来说，可供其选择的包装策略有以下 7 种：

(一)类似包装策略

类似包装策略是指企业在各种类型不同的产品上使用外形类似、图案类似、具有共同特征的包装，从而使企业各种产品具有统一类似的包装，从而使得消费者从外观上就可以直接判断出企业的系列产品。其优点在于：壮大企业声势，扩大企业影响，特别是在新产品初次上市之时，可以借助企业原有的声誉迅速让消费者接受新产品；类似的包装反复出现，无疑增加了企业形象在消费者面前的曝光率，客观上起到了宣传企业产品的效果；采用类似的包装可以节省包装设计和印刷成本。

(二)差异包装策略

企业对不同的产品采用风格各异的包装,从而将不同市场定位、满足不同目标市场需求的产品区别开来。这种策略的优点是:一个产品的失败不会波及企业的整体形象,但是却增加了企业的成本。

(三)配套包装策略

配套包装策略是指企业把两种或两种以上在消费上具有关联性的产品放在一个包装内出售。这种关联性可表现在使用、观赏或自身系列配套等方面。配套包装策略可以方便消费者的购买和使用,并且还可以帮助企业促销滞销的产品。但是,企业需要注意的是,产品的搭售不要引起消费者的反感,或者损害消费者的利益。

(四)重复使用包装策略

重复使用包装策略是指产品的包装在产品被使用之后,可以移作他用。这种包装策略可以引起消费者的购买兴趣,移作他用的产品包装也可以起到宣传企业产品的效果。例如,盛装饮料的瓶子常被用来插花或其他用途。

(五)等级包装策略

这种包装策略是指企业根据产品的档次和价格给予其不同的包装。这些不同的包装在成本上具有很大的差别,可以丰富消费者的选择。例如,把产品用来送礼的消费者可能更倾向于购买具有豪华包装的产品,而为了自己使用的消费者则会购买简易包装的产品。

(六)更新包装策略

更新包装策略是指用新的包装来代替老的包装。这种策略常常在企业的销售陷入困境的时候使用,包装的更新就像产品的更新一样,能够给消费者以耳目一新的感觉。在一般情况下,一个企业的品牌和包装要保持稳定性,但当出现以下三种情况时,企业需要更新包装:产品的质量出现了问题,给消费者留下了恶劣的影响;竞争者太多,原有包装不利于打开销售局面;原包装使用时间过长,使得消费者产生了陈旧感。例如,河南省卫辉食品挂面厂就通过将纸包装改为塑料包装,由一般纸箱式包装改为手提礼品式彩色箱,从而一举打开销售局面,产品远销至香港地区和日本。

(七)附赠品包装策略

附赠品包装策略是指企业在包装中附赠小礼品,来吸引消费者购买和重复购买以扩大产品销量的包装策略。附赠品包括玩具、图片、奖券等。这种策略常被用来开发儿童、青少年或低收入者市场。

## 课后习题

### 一、选择题

1. 商品包装包括若干个因素,(　　)是最主要的构成要素,应在包装整体上占据突出的位置。

A. 商标或品牌　　B. 图案　　C. 包装材料　　D. 形状

2. 附着或系挂在商品销售包装上的文字、图形、雕刻及印制的说明是(　　)。

A. 商品说明　　B. 包装标签　　C. 运输标志　　D. 包装标志

3. 为了使包装成为激发顾客购买欲望的主要诱因,客观要求在包装设计中注重(　　)。

A. 差异性　　B. 安全性　　C. 便利性　　D. 艺术性

4. 对于生产经营不同质量等级产品的企业,应采用(　　)包装策略。

A. 类似　　B. 等级　　C. 分类　　D. 配套

5. 在应用(　　)时,必须注意市场需求的具体特点、消费者的购买能力和产品本身的关联程度大小。

A. 更新包装策略　　B. 附赠品包装策略

C. 配套包装策略　　D. 再使用包装策略

## 二、简答题

1. 试述运用包装的主要策略。

2. 品牌的功能有哪些?

3. 商标的设计应注意哪些问题?

## 三、案例分析题

1898 年,可口可乐斥巨资购买了一个栩栩如生、惟妙惟肖的玻璃瓶包装专利,使它成为可口可乐的独特形象。2003 年 2 月 18 日,可口可乐宣布启用全新的商标形象,取代自 1979 年重返中国市场后使用了长达 24 年的中文标准字体;同年 4 月,麾下旗舰品牌雪碧标志原有的"水纹"设计被新的"S"形状的气泡流图案所取代;其后芬达推出全新瓶型,又演绎了一场精彩的"橙味风暴"。据专家预测,可口可乐更换新标识后,可以将消费者购买欲望提高 5 个百分点。

可口可乐采用多种材质、多种容量策略。为了更好地满足消费者在不同情境,如家庭饮用、个体饮用下的饮用需求,可口可乐把其系列产品按包装材质划分为 PET(塑料瓶)、RB(玻璃瓶)、CAN(易拉罐)、POM(现调杯)等类型,并按容量分为 355ML、600ML、1.25L、1.5L、PET2L、PET2.25L 等,以便更加灵活、主动地迎合消费者的购买需求,保持顾客的满意及认可度。譬如,PET600ML 包装特点是便于携带,适合消费者在多种场所饮用;PET1.5L 包装容量大,适合家庭饮用;等等。

**思考**:可口可乐公司采用了什么包装策略?

# 第七章　价格策略

**【知识目标】**

1. 理解定价理论；
2. 了解各种定价的基本方法；
3. 掌握常用的定价策略。

**【能力目标】**

1. 能够针对不同产品运用相应的定价策略；
2. 能够应用价格策略进行营销。

**【导入案例】**

**空调价格大战**

国庆前夜，空调企业集体不淡定了。上月26日，格力山东分公司在当地一家报纸刊登了一则“写给所有家电同行”的敬告，称：“格力电器20年首次将发动价格战，斥资百亿回馈全国消费者。国庆期间优惠力度空前。如因此触及您的利益，我们深表歉意。”随后各家或是促销海报或是声明，包括美的、奥克斯、志高、格兰仕、海尔等空调企业集体发声，正面迎击。一直以来，空调企业活得都很滋润，鲜少发动价格战。对于格力的主动“挑衅”，业界纷纷指根源在于格力库存承压。而铁娘子的价格屠刀威力自然不凡，《南方都市报》记者采访获悉，已有二线空调企业计划调整年度销售目标，二三线企业恐遭血洗。

广州格力在声明中称，将投入有史以来力度最大的促销资源，裸价上阵，比团购价、内部价、关系户价格更低，甚至低于“五一”价格；同时指出：“有意进行行业洗牌，抢占市场空间，加速劣质品牌和产品的淘汰。”格力相关人士向《南方都市报》透露，此次价格战是董明珠下令，意在将行业进一步洗牌。“空调行业的定价权在格力手中。国庆只是第一波，格力还会有后续动作。大家比现金流，看谁能坚持到最后。”

# 第一节　影响定价的因素

价格的变动直接影响消费者的购买行为，也关系到生产经营者盈利目标的实现。价格策略是市场营销系统中最活跃的因素，也是企业可控制的市场营销因素中最难把握的因素之一。所以，价格问题是市场的核心问题，选择价格策略是市场营销的核心步骤。在激烈竞争的市场环境下，重视价格以及价格策略，是企业实现良好发展的关键。

## 一、定价目标

在市场经济日益成熟的条件下，价格成为影响市场需求的主要因素，所有企业都要对其生产或经营的产品制定适当的价格，这样才能扩大销售，提高市场占有率，增加盈利。为此，企业管理部门必须做出合理的定价决策，以保证实现最佳经济效益。企业在定价之前，首先要考虑与企业总目标、市场营销目标相一致的定价目标，并把它作为确定价格策略和定价方法的依据。企业定价目标可分为以下几类。

### (一)利润导向定价目标

利润是考核和分析企业营销工作好坏的一项综合性指标。许多企业都把利润作为重要的定价目标，具体有以下3种情况：

1. 以获取预期利润率为目标

预期利润率是投资者将一定时期的利润水平规定为投资额或销售额的一定比率。也就是说，投资者既不追求一时的高利，也不限制利润而求销售，而是力图保持长期稳定地获得利润。以一定的预期利润率为定价目标，其关键是确定预期利润率。不同的投资者可根据产品的销售、流动资金等状况，确定不同的利润率。对于占用资金少、资金周转速度快的产品，可以较低的销售利润率为目标；对于占用资金多、资金周转速度慢的产品，可以较高的销售利润率为目标。

2. 以获取最大利润为目标

实现最大利润是企业的最大愿望。最大利润是指企业在一定时期内可能并准备实现的最大利润总额，这是常见的定价目标之一。企业在采取获取最大利润为定价目标时，需具备以下3个条件：

(1)企业的产品在市场上具有一定优势，且在计划期内不易丧失这些优势。

(2)同行业竞争对手不强。

(3)能较准确地掌握本企业产品的需求或成本状况，为实现这一定价目标提供科学依据。

实现这一定价目标的方法就是提高产品的价格，提高单位产品的盈利额，追求短期利润最大化。

3. 以获取合理利润为目标

它是指为了保持销售稳定或减少竞争对手，达到长期占领市场的目的，以获取合理利润为定价目标。具体而言，是指企业在补偿正常情况下的社会平均成本的基础上，适当地加上一定量的利润作为商品价格，以获取正常情况下合理利润的一种定价目标。合理的标准往往是以既能获得一定的利润，又能减少竞争者的加入为标准。在此种目标下，商品价格适中，顾客乐于接受，政府积极鼓励。这一定价目标常常被大型企业采用。

（二）销量导向定价目标

这种定价目标是指企业希望获得某种份额的市场占有率而确定的价格目标。市场占有率是指一个企业产品销售量在市场同类产品销售总量中所占的比重。不断扩大产品销售量是提高市场占有率的主要途径。根据产品需求规律，要增加产品销售量就要降低产品价格。这样，从单位产品来说，利润水平可能降低，但从利润总额看，由于产品销售量增加，有可能弥补单个产品利润量减少的损失，甚至增加利润总量，这是企业制定和调整产品价格时所采用的定价目标之一。此种定价目标要求企业具备的条件是：有潜在的生产经营能力，总成本的增长速度低于总销售量的增长速度；产品的需求价格弹性较大，即薄利能够多销。一般来说，这一定价目标要好于以扩大利润为目标。在产品市场不断扩大的情况下，如果只顾短期利润，可能会降低市场占有率，不会取得较好的经济效益和社会效益，不利于长期而稳定地获得利润。为了长远利益，有时需要减少甚至放弃眼前利益。因此，许多资金雄厚的大企业，喜欢以低价渗透的方式建立一定的市场占有率。一些中小企业为了在某一细分市场获得一定优势，也十分注重扩大市场占有率。

（三）竞争导向定价目标

这种定价目标是指企业在竞争激烈的市场上以适应或避免竞争为目标。在市场竞争中，企业在制定产品价格时，为适应或避免竞争，需要广泛收集竞争者有关价格方面的资料，将本企业的产品质量与竞争者的同类产品进行比较，然后在高于、低于或等于竞争者价格这 3 种定价策略中选择其一。当市场存在领导者价格时，新加入者要想把产品打入市场，争得一席之地，只能采取与竞争者相同的价格。一些小企业因生产、销售费用较低，或某些企业为扩大市场份额，定价会低于竞争者。只有在具备特殊条件时，诸如资金雄厚、拥有专有技术、产品质量优越、推销服务水平高等，才有可能把价格定得高于竞争者。

（四）生存导向定价目标

当企业遇到生产能力过剩、市场竞争激烈或者要改变消费者需求时，它要把维持生存作为自己的主要目标。为了保持工厂继续开工和使存货减少，企业必然要制定一个低价格，并希望市场对价格十分敏感。生存比利润更重要，不稳定的企业一般都求助于大规模的价格折扣，为的是能保持企业的活力。对于这类企业而言，只要它们的价格能弥补变动成本和部分固定成本，即单价大于单位变动成本，它们就能够维持企业的生存。

（五）企业形象导向定价目标

在现代市场经济条件下，市场竞争的实质是企业形象和商品品牌的竞争，企业形象是企业的无形财富和资源，是企业实力的重要构成部分。良好的企业形象是由于企业成功地运用了市场营销组合，在消费者心目中确立了良好的信誉，取得了消费者的信赖。以维护企业形象为定价目标，是指企业在制定产品价格时要以消费者为核心、以树立良好的企业形象为目的。

## 二、影响定价的因素

（一）成本因素

价格是产品价值的货币表现。以货币来表示产品或服务的价值就称为该产品或服务的价格。产品成本是价格的最低限度。一般来说，产品价格必须能够补偿产品生产及市场营销的所有支出，并补偿产品的经营者为其所承担的风险支出，且有盈利。成本的高低是影响定价的一个重要因素。根据定价策略的不同需要，对成本可以从不同的角度作以下分类。

1. 固定成本

固定成本指支付给各种固定生产要素的费用，如购买机器设备、建设厂房的开支、借贷利息等。这些费用在一定时期和一定的生产能力范围内不随产量的变化而变化，并且通常在产品生产过程中就得支付。

2. 变动成本

变动成本指支付给各种变动生产要素的费用，如购买原材料及电力消耗费用和工人工资等。这种成本随产量的变化而变化，常常在实际生产过程开始后才需支付。

3. 总成本

总成本是固定成本和变动成本之和。当产量为零时，总成本等于固定成本。

4. 平均固定成本

平均固定成本是总固定成本与产品数量之比，虽然固定成本不随产量的变动而变动，但平均固定成本是随产量的增加而减少，这就是规模效益的潜在因素。从长期来看，平均固定成本是企业定价不可忽视的要素之一。

5. 平均变动成本

平均变动成本是变动成本与产品数量之比。在一定的技术熟练程度和生产设备条件下，平均变动成本不会随产量的增加而变动，但当生产发展到一定规模，工人熟练程度提高，批量采购原料价格优惠，变动成本则呈递减趋势。但若超过某一极限，平均变动成本又有可能增加，主要是因为管理费用的升高。

6. 平均成本

平均成本是总成本与总产量之比。因为固定成本和变动成本随生产率的提高和规模经济效益的作用而下降，所以单位产品成本呈递减趋势。使总成本得到补偿的定价意味着价格一定不能低于平均成本，否则不可能获得利润。

7. 边际成本

边际成本是产品在原有数量基础上增加或减少一个单位数量所引起的总成本的变动量。如果是针对增加产品数量而言，边际成本又称新增成本。除非加以特殊说明，边际成本与平均变动成本在概念上和数值上都是不同的。例如，某企业生产某种产品的固定成本 10 000 元，生产一个单位产品的变动成本是 1 000 元，生产两个单位产品的平均变动成本是 900 元，则第二个新增产品的边际成本不是 900 元，按照定义它等于生产第二个产品的总成本的增加额：

(10 000＋2×900)－(10 000＋1×1 000)＝800(元)

8. 机会成本

机会成本是企业为从事某项经营活动而放弃另外一项经营活动的机会，或利用一定资源获得某种收入时所放弃的另一种收入，另一种经营活动应取得的收益或另一种收入即为正在从事的经营活动的机会成本。对机会成本进行分析后，就要求企业在经营中正确选择经营项目，其选择的依据是实际收益必须大于机会成本，从而使有限的资源得到最佳配置。

(二)需求因素

如果说决定价格的下限是产品成本，那么决定企业产品价格上限的则是消费需求程度。用现代市场营销观念看，市场中消费者需求是企业定价最主要的影响因素。因为企业所确定的任何价格，最终都由消费者判断是否合理。消费者需求是指有货币支付能力的需要，因此，需求自然受到产品价格和消费者收入变动的影响。在经济学中，把因产品价格和消费者收入等因素而引起的需求的相应变动率称作需求弹性。

需求弹性分为需求的收入弹性、价格弹性和交叉弹性。

1. 需求的收入弹性

需求的收入弹性是指由于收入变动而引起的需求相应变动的比率，它反映的是需求量的变动对收入变动的敏感程度。它是随消费者对产品的需求迫切程度、需求能力和需求层次的不同而有差异。不同需求的收入弹性，其强弱程度主要取决于各项商品支出在既定收入水平的比重和这种商品的重要性。从支出结构分析，支出可分为 3 种：固定支出，即消费者维持正常生理需要的开支；可支配支出，即用于改善日常生活的经常性开支；可自由支配支出，即用于享受或满足更高层次消费需要的开支。上述 3 种支出，从重要性角度看是依次递减的。我们还可以发现，重要性越强，收入弹性越弱；反之，则收入弹性越强。一般来说，高档食品、耐用消费品、娱乐支出需求收入弹性较大，生活必需品需求收入弹性较小。也有的产品需求收入弹性为负值，这意味着消费者收入增加后，对这类商品的需求量将减少，不再购买这些低档产品，而转向高档产品。因此企业定价时要注意考虑需求收入弹性。

2. 需求的价格弹性

在价格与需求的关系方面，营销者需要了解需求的价格弹性，即产品价格变动对市场需求量的影响。不同产品的市场需求量对价格变动的反应不同，也就是弹性大小不同。一般情况下，企业每改变一种产品价格，该产品的需求量都会发生不同程度的变化。通常价格与需求量呈反比例，即价格越高，需求量越少。

需求的价格弹性＝需求量变动的百分比/价格变动的百分比

需求的价格弹性用 $E$ 表示，则公式如下：

$$E=\frac{\dfrac{Q_2-Q_1}{Q_1}}{\dfrac{P_2-P_1}{P_1}}$$

$P_1$ 是初始价格，$P_2$ 是变动后的价格，$Q_1$ 是初始销售量，$Q_2$ 是价格变动后的销售量。一般用 $E$ 的绝对值大于 1 或小于 1 来表示。如果 $E>1$，称为价格需求弹性大或富于弹性。如果需求量变化的幅度小于价格变化的幅度，即 $E<1$，称为价格需求弹性小或缺乏弹性。假如一个公司把它的产品的价格从 20 元降低到 10 元，而它的销售量从 200 单位上升到 300 单位，那么：

$$E=\frac{300-200}{200}\Big/\frac{10-20}{20}=-1$$

计算结果表明这次销售活动失败了，销售额从 4 000 元减少到 3 000 元，销售利润一定减少，其原因是该企业的商品价格需求弹性小。

3. 需求的交叉弹性

需求的交叉弹性是指一种商品的价格变动引起其他相关商品的需求量的相应变动率。在为产品线定价时还必须考虑各产品项目之间相互影响的程度。产品线中的某一个产品项目很可能是其他产品的替代品或互补品，因此，一项产品的价格变动往往会影响其他产品项目销售量的变动，两者之间存在着需求的交叉价格弹性。交叉弹性可以是正值也可以是负值。如为正值，则此两项产品为替代品，表明如果产品 $Y$ 的价格上涨，则产品 $X$ 的需求量必然增加；相反，如果交叉弹性为负值，则此两项产品为互补品，也就是说，当产品 $Y$ 的价格上涨时，产品 $X$ 的需求量会下降。

（三）竞争者因素

价格竞争是企业经营竞争的重要手段和内容。现实的和潜在的竞争对手的多少及竞争的激烈程度对产品定价的影响很大。竞争越激烈，对价格的影响就越大，特别是那些对资源水平要求不高，或技术、设备要求不高，容易经营的产品，企业面对的潜在威胁就更大。一般情况下，如果企业不是居于竞争主导地位，就不能忽视竞争对手的价格。

在市场需求为价格规定了最高限，而成本为价格规定了最低限的时候，还应该考虑竞争对手的价格。竞争对手的价格以及这些对手对本企业价格变动所做出的反应也是企业定价时需要考虑的一个重要因素。企业必须要对每一个竞争者提供的产品价格及其产品质量情况有所了解。这可以有几种做法：企业可以派专门人员打听行情，比较价格和竞争者所提供的产品；企业可以通过购买竞争者的产品并得到竞争者的价格表，然后加以仔细研究；企业还可以询问购买者对于企业竞争者所提供的产品价格和质量的看法。

企业只要了解到竞争者的价格和产品情况，就能把它作为自己定价的基点。如果企业的产品与主要竞争者的产品类似，那么企业制定的价格也必须与竞争者差不多，否则就会失去市场；如果企业的产品次于竞争者的产品，就不能和竞争者制定相同的价格；如果企业的产品优于竞争者的产品，价格则不妨高于竞争者。而且，企业还必须清楚竞争者对自己的价格会做出什么样的反应。企业就是这样运用价格来给自己的产品定位、同竞争者博弈的。另外，还要考虑潜在竞争对手加入市场的可能性，并推测其加入市场的时间和竞争实力，从而适当改变本企业的定价策略。应当指出的是，同类产品竞争包括产品功能、质量、规格、花色、成本费用、促销措施、渠道选择、价格水平等方面的竞争。因此，考虑价格竞争因素时，应当看到定价与其他形式竞争的紧密联系，特别要看到价格的变动引起的消费者或用户对产品质量和整体效用做出的新评价，从而使定价对潜在买主未来的购买行为产生深刻的影响。

## 第二节　定价方法

定价的基本方法是指为实现定价目标而采用的具体手段。影响商品价格的因素很多，但是在现实生活中，总是侧重某一个因素。本节主要介绍定价的 3 种基本方法。

### 一、成本导向定价法

成本导向定价法是以卖方意图为中心，以成本为基础的定价方法。定价时，首先要考虑收回企业在生产经营中投入的成本，然后再考虑取得一定的利润。属于这类定价方法的有成本加成定价法、边际成本定价法和损益均衡定价法。

（一）成本加成定价法

成本加成定价法是在产品的成本上加上一个标准加价百分比。“加成”即一定比率的利润，其计算公式是：

$P=C(1+R)$

式中，$P$ 为单位产品售价，$C$ 为单位产品成本，$R$ 为成本加成率。这是一种普遍采用的定价方法。其主要优点是计价简便易行，在正常情况下能够补偿企业的全部成本费用，并可获得预期利润，也有利于保持价格稳定。但是这种方法也有局限性，表现在只注重维护企业自身利益，定价过于呆板，不能灵敏反映市场供求状况，缺乏竞争性。这种定价方法在零售业被广泛应用。

例如，某服装厂生产服装10 000件，固定成本20 000元，每件服装的可变成本38元，预期利润率为20%，则每件服装的净价为：

单位价格＝总成本×(1＋预期利润率)/生产总量

＝(20 000＋38×10 000)×(1＋20%)/10 000

＝48(元)

(二)边际成本定价法

边际成本定价法是指企业在定价时只考虑变动成本，不计算固定成本，而以预期的边际贡献适当补偿固定成本。预期边际贡献是指预计的销售收入减去变动成本后的收益。因为在生产能力之内，无论企业生产多少数量的产品，所产生的固定成本都是一样的。仍以上面的服装为例：企业生产10 000件服装的20 000元固定成本不计，可变成本是38×10 000元，此时同类产品的市场价格是39元。企业如果仍定价48元出售其产品，将无销路而停产，造成的损失将更大。假如以10 000元的边际贡献定价，即：

单位产品价格＝(可变成本＋边际贡献)/生产数量

＝(380 000＋10 000)/10 000 ＝39(元)

企业以39元的价格出售产品，其边际贡献10 000元可补偿一半的固定成本损失。

很显然，边际成本定价只是一种为了应付市场的特殊变化才采取的定价方法。也就是说，采取边际成本定价是有条件的。其中最主要的条件是：市场处于萧条期，企业产品供过于求，企业在价格上若不采取灵活措施，可能因没有市场而造成停产，企业将承担固定成本的全部损失。此外，如果企业除满足原市场需求外，仍有剩余生产能力，企业可采取边际成本定价为新市场服务。但新市场与原市场必须是彼此隔绝的，即不会形成新市场向原市场的转手倒卖。这种做法只能是短期的，在总销售额中不应占较大比重。

(三)损益均衡定价法

损益均衡定价法又称目标利润定价，是以产品的损益均衡或目标利润为依据的定价方法。采用这种方法要使用损益均衡图，如图7－1所示。

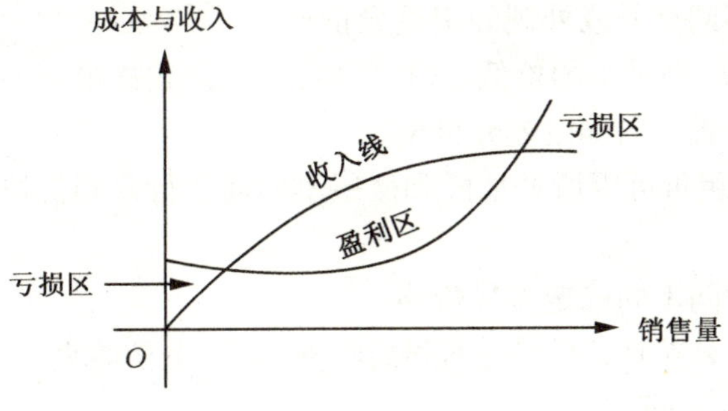


图7－1 损益均衡图

该图表示在不同销售量水平上的总成本和总收入，总收入曲线的斜率反映价格。当产品的销售量达到一定水平时，产品的收入与成本相等，即损益均衡。若销售量低于该水平，企业收不抵支，则出现亏损；若高于该水平，收大于支，产生收益，即目标利润。在总成本和总收入线之间的虚线截距就是目标利润。因此，先计算损益均衡价格，其公式为：

$P=F/Q+V$

式中,$P$ 为损益均衡价格,$F$ 为固定成本,$Q$ 为预计销售量,$V$ 为单位产品变动成本。

在此基础上,若要盈利,则计算公式为:

$P=F/Q+V+Z$

式中,$P$ 为目标利润价格,$Z$ 为单位产品的预计利润,其他同上式。

采用损益均衡定价,可以帮助企业决定最低价格以抵补预计的成本和取得目标利润,但是这种方法没有考虑价格与需求之间的关系,其根据预期的销售量来确定价格,但价格恰恰是影响销售量的重要因素。因此,企业在运用这种方法定价时,还必须考虑到每个可能的价格实现预计销售量的可能性。

## 二、需求导向定价法

### (一)认知价值定价

认知价值定价是按照买主对产品价值的认识来确定产品价格。这种定价方法与现代市场定位思想相适应,它强调产品价格的高低并不取决于卖方的成本,而是取决于买方对产品价值水平的理解程度。定价时,它要求以买方所能接受的价格来确定产品的价格。如果以高于买方所能接受的价格来销售产品,会造成滞销;而以低于买方所能接受的价格,则会使自身利益受到影响。采用这种定价方法,关键是必须合理地测定和分析市场上买方对产品价值的理解水平。在确定了市场上买方所能接受的价格之后,再根据此价格倒推出产品的批发价格和出厂价格。

### (二)需求差异定价

需求差异定价又称价格歧视,是对同一产品制定两种或两种以上不反映成本费用的比例差异价格。它有以下 4 种形式。

1. 按需求产品的顾客不同确定差异价格

例如,对购买力高的顾客定高价,对购买力低的顾客定低价;老主顾定低价,新主顾定高价;批发商定低价,零售商定高价。

2. 按需求产品的不同型号或外观确定差异价格

例如,型号大的价高,型号小的价低;式样华丽的价高,式样单调的价低。

3. 按需求产品的位置不同确定差异价格

例如,酒店、写字楼租价可因所处地段和楼层不同而实行差别价格;影剧院、体育馆因座次不同也可区别定价。

4. 按需求产品的时间不同确定差异价格

例如,景点、饭店因季节不同而实行不同的收费标准;电信收费在节假日和平常日子有差别,甚至在不同钟点也有不同。

采取需求差异定价必须具备以下条件:

(1)市场可以细分,并且各细分市场表现出不同的需求程度。

(2)以较低价格买进产品的顾客没有以较高价格把产品倒卖给别人的可能性。

(3)竞争者没有可能在企业以较高价格销售产品的市场上以低价竞销。

(4)细分和控制市场的成本费用不超过因差别价格所得的额外收入。

(5)价格歧视不会引起顾客反感,不违反有关法律法规。

（三）反向定价法

所谓反向定价法，是指企业依据消费者能够接受的最终销售价格，计算自己从事经营的成本和利润后，逆向推算出产品的批发价和零售价。这种定价方法不以实际成本为主要依据，而是以市场需求为定价出发点，力求使价格为消费者所接受。分销渠道中的批发商和零售商多采取这种定价方法。例如，某产品市场可接受的零售价为15元，零售商加成20%，批发商加成15%，该产品出厂价推算如下：

批发价＝零售价×（1－零售商加成率）＝15×（1－20%）＝12（元）

出厂价＝批发商价×（1－批发商加成率）＝12×（1－15%）＝10.20（元）

## 三、竞争导向定价法

竞争导向定价法是以竞争对手的价格为导向来确定产品价格的定价方法。定价时，不管产品成本或市场需求是否发生变化，只要竞争对手的价格没有变化，企业就保持原来的价格水平；如果竞争对手的价格已变，企业就迅速做出调价反应。

（一）随行就市定价

随行就市定价是企业根据行业的平均价格水平来确定自己产品的价格。这是一种简便、稳妥、风险较小的定价方法。一般在企业打算与竞争者和平共处、竞争者不确定、难以估算成本及需求时采用。在随行就市定价法中，企业的定价基础主要是竞争者的价格，而较少关心自己的成本或市场需求。企业的价格可能和竞争者的一样，有时可能低一些，有时也可能高一些。在少数存在垄断市场的行业中，例如钢铁业、造纸业、化肥业等，企业的价格通常都相同。小企业是"紧跟领先者"的，它们的价格变动，更多的是由于市场领先者的价格变动而产生的，而很少联系自己的供需关系的变动或成本的变动。有的企业实行小额的奖金或折扣优惠，但是这种差异的幅度将是固定的。企业一般在下列情形下采用这种定价方法：

（1）很难准确估算产品成本，而流行价格水平是同行业共同采用的，大体能够反映企业生产该商品的消耗和应得报酬。

（2）要想使消费者了解商品差价的实质很困难，如果另行定价，很难了解消费者和竞争者对产品价格的反应。

（3）企业打算与同行和平相处，避免在价格竞争中两败俱伤。

（二）主动竞争定价

主动竞争定价法与随行就市定价法相反，不是追随竞争者的价格水平，而是根据本企业产品的特征和营销手段，以高于、低于竞争者的产品价格或与竞争者的产品价格一致的价格出售。企业首先对本企业产品的性能、质量、功能、款式、成本及营销手段等与竞争者的同类产品及营销手段进行比较，分析形成价格差异的原因，然后结合本企业产品的特点及营销手段的优劣势，确定价格水平。下面具体介绍低定价和高定价。

1. 低定价

低定价即企业不论其产品成本或市场需求发生何种变化，总是以低于竞争对手的价格来出售自己的产品。采用这种定价方法的企业必须具备较强的资金实力，能应付竞相降价的后果，且产品需求的价格弹性较大。

2. 高定价

高定价即企业不论其产品成本或市场需求发生何种变化，总是以高于竞争对手的价格出售自己的产品。采用这种定价方法的企业，必须在社会公众中享有较高的声誉，其产品有明显的质量优势，产品需求的价格弹性较小。

（三）密封投标定价

密封投标定价是想要赢得某个采购或工程招标合同的企业，在密封投标中根据对竞争者报价和中标率的估计来确定自己的报价。一般来说，该企业的报价应低于竞争对手，但不能定得低于成本，以免恶化企业的经营情况。如果企业报价远远超出成本，虽然潜在的利润增加了，却减少了取得合同的机会。

## 第三节 定价的策略

### 一、新产品的定价策略

新产品在进入市场时，风险非常大，因此，选择正确的定价策略对新产品在市场中的成功至关重要。常用的新产品的定价策略有以下 3 种：

（一）渗透定价策略

渗透定价策略是指在新产品投放市场时将产品的价格定得较低，借以获得尽可能高的销售量和扩大市场占有率的策略。实行渗透定价是避免激烈竞争或低价挤入市场的有效办法。对需求弹性较大的非生活必需品，尤其是技术密集型生产资料和工业消费品，试销一般成本较高，为了尽快进入市场，适宜采用渗透定价策略。其缺点是投资回收期长、见效慢、风险大，一旦渗透失利，企业就会一败涂地。

**案例**

1996 年 8 月，格兰仕微波炉发动第一次降价，平均降幅达 40%，推动了微波炉在国内的普及。当年实现产销 65 万台，市场占有率超过 35%。

2000 年 10 月，格兰仕微波炉第五次大降价，其目标是高端市场，高档“黑金刚”系列微波炉价格降幅接近 40%，高档机型需求迅猛提高。全年国内市场占有率高达 76%，国际市场占有率突破 30%。晋升为中国家电企业第二名。

（二）撇脂定价策略

撇脂定价策略是指企业在新产品上市初期以高价销售，以后随着市场情况的变化而降低销售价格的策略，其目的是在尽可能短的时间内获得尽可能多的利润，以收回投资。这如同从鲜奶中取奶脂一样，尽快取得精华。采取这种策略，是利用消费者的求新心理，通过高价刺激需求，适合于需求弹性很小、市场生命周期较短、款式色彩翻新较快的时尚性产品。撇脂定价还有一个优点：高价小批量地逐步推进战略，能让企业随时了解市场反应，采取对策，避免新产品大批量生产带来的风险。撇脂定价策略若运用得当，可以为企业带来丰厚的利润，但撇脂定价策略应用的前提是产品必须能吸引消费者，也就是产品要有新意。其缺点是：新产品价格过高，难以开拓市场，同时，高价策略很容易招来竞争者。

案例

电话是高技术、高投入的产业，电话发展是以大量的资金投入为代价的，仅靠通话费收回投资极其缓慢，于是，电话初装费应运而生。当初，中国电信利用一些人对电话趋之若鹜的心态，采用撇脂定价策略，初装费高达 5 000 元，并且装电话仍需要"走后门"。随后，电话初装费逐步下调，装电话的人数增加，中国电信的收入仍然不菲。进入 21 世纪后，中国电信的战略转为尽可能多地争取电话用户，增加电话营运收入，电话初装费也就逐步取消了。

（三）满意定价策略

满意定价策略是指介于渗透定价和撇脂定价之间的一种定价策略。在新产品投放市场时，企业采用生产者和消费者都满意的合理价格，既能减少激烈竞争和被消费者拒绝的风险，又能较快地收回投资。对价格弹性较小的一般日用生活必需品和重要的生产资料，适合采取这种定价策略。

与撇脂定价或渗透定价相比，虽然这种策略缺乏一定的进攻性，但并不是说它没有市场竞争力。满意定价没有必要将价格制定得与竞争者的产品价格一样或接近市场上产品的平均价格水平，原则上讲，它还可以是市场上最高或最低的价格。与撇脂定价和渗透定价相类似，满意定价也需要参照产品的经济价值而做出价格决策。因此，当大多数潜在购买者认为产品的价格与价值相当时，即便价格很高也属于满意价格。

## 二、产品组合定价策略

（一）产品线定价

企业通常开发出来的是产品线，而不是单一产品。当企业生产的系列产品存在需求和成本的内在关联性时，为了充分发挥这种内在关联性的积极效应，企业可采用产品线定价策略。在定价时，首先确定某种产品线中的主打产品；其次，确定产品线中某种商品的最高价格，它在产品线中充当品牌质量和收回投资的角色；最后，产品线中的其他产品也分别依据其在产品线中的角色而制定不同的价格。在许多行业，营销者都为产品线中的某一种产品事先确定好价格点。

（二）非必需附带产品定价

许多企业在提供主要产品的同时，还会提供一些与主要产品密切相关的附带产品，如汽车用户可以订购电子开窗控制器、扫雾器和减光器等。但是，对非必需附带产品的定价却是一件棘手的事。例如，汽车公司就必须考虑把哪些附带产品计入汽车的价格中，哪些另行计价。这就需要根据市场环境、购买者的偏好等因素认真分析。

例如，有的汽车制造商只对其简便型汽车做广告，以吸引人们来汽车展示厅参观，而将展示厅的大部分空间用于展示昂贵的功能齐全的汽车；有些饭店的酒价很高，食品的价格相对较低，食品收入可弥补食品的成本和其他经营成本，而酒类则可以带来利润。这就是为什么服务人员极力要求顾客买饮料的原因。当然，也有饭店会将酒价定得较低，而对食品制定高价，以吸引饮酒的消费者。

（三）必需附带的产品定价

必需附带的产品又称连带产品，是指必须与主要产品一起使用的产品。例如，胶卷和相机、计算机和软件等，都是无法分开的连带产品。生产主要产品（计算机和照相机）的制造商经常为产品制定较低的价格，同时对附属产品制定较高的价格。

（四）产品群定价

为了促进销售，有时营销者不是销售单一产品，而是将有连带关系的产品组成一个群体，一并销售。例如，化妆品、计算机、假期旅游公司为顾客提供的一系列活动方案。这一组产品的价格低于单独购买其中每一产品的费用总和。因为顾客可能并不打算购买其中所有的产品，所以这一组合的价格必须有较大的下降，以推动顾客购买。假设一家医疗设备公司免费提供送货上门和培训服务，某一顾客可能要求免去送货和培训服务，以获取较低的价格。有时，顾客要求将产品系列拆开，在这种情况下，如果企业节约的成本大于向顾客提供其所需商品的价格损失，则公司的利润会上升。

## 三、折扣定价策略

价格折扣是企业为了更有效地吸引顾客、扩大销售，在价格方面给予顾客和销售商的优惠。折扣定价策略分为以下5种：

（一）数量折扣

它是根据顾客购买数量或金额的多少分别给予不同比例的价格折扣。即购买的数量越多，金额越大，折扣也越多。它又分为一次性折扣和累计折扣。

一次性折扣是按照买主一次性购买产品的数量或金额的多少来确定不同折扣的策略。一次性购买的数额越多，折扣也越多。此策略有利于鼓励消费者增加购买量，吸引流动消费者。

累计折扣是对一定时期内累计购买超过规定数量或金额给予的价格优惠，目的是鼓励企业与顾客建立长期稳固的关系。

（二）现金折扣

现金折扣就是当顾客提前付清购买商品的款项时，供货方给予顾客的一种折扣。现金折扣一般在生产厂家与批发商或批发商与零售商之间进行。采用现金折扣一般要考虑折扣的比例、给予折扣的时间限制以及付清全部货款的期限。这种定价策略适用于价格昂贵的耐用消费品，尤其适用于采取分期付款的商品。美国通行的做法是：若客户能在10天内付清款项，可得2%的折扣，但最迟必须在30天内付清全部款项。

（三）季节折扣

季节折扣是生产厂家为了维持季节性产品的全年均匀生产而鼓励批发企业淡季进货的一种定价策略。例如，电扇生产厂家在冬季给予批发电扇的客户以一定折扣，电热毯生产厂家在夏季给批发电热毯的客户以一定折扣。有的零售商店在销售中也采用季节折扣策略。

（四）功能折扣

功能折扣也叫交易折扣，是指根据中间商在产品分销过程中承担责任的大小、风险差异、功能的不同而给予不同的折扣。折扣的多少，主要依据是中间商在分销渠道中的地位、购买批量、完成的促销功能、承担的风险、服务水平以及产品在市场上的最终售价等。功能折扣的结果是形成购销差价和批零差价，主要目的是鼓励中间商大批量订货，扩大销售，与生产企业建立长期、稳定的合作关系，并对中间商经营企业有关产品的花费进行补偿，让中间商有一定的盈利。

（五）以旧换新

以旧换新是生产厂家向顾客特别是具有节俭习惯的顾客推销产品的一种有效手段。随着生产的发展和人民生活水平的提高，产品的更新换代速度加快，往往老产品还未结束使用寿命，新产品又出现在市场上。在这种情况下，消费者手中的旧产品往往如同鸡肋，食之无味，弃之可惜，而且，收购站还不一定愿意收购这些旧物件。这时，由生产厂家出面开展以旧换新业务，一方面有助于达到旧物件利用的规模经济；另一方面消费者心理也达到了平衡，他们感到，没有因购买新产品而造成旧产品的浪费，获得了实惠。

## 四、差别定价策略

### （一）基于顾客的差别定价

在讨论"撇脂定价"策略时，我们已经指出，如果价格先高后低，分别从具有不同求新心理的消费者身上获取利润，就能使总利润大大高于一次性定价的利润。但这样做的缺点是消费者容易产生"合理预期"，原来愿意出高价的顾客会因等待降价而拖延购买。因此，一个理想的状况是：以高价向富有的顾客出售物品，以次低价向中等富裕的顾客出售物品，以更低价向经济拮据的顾客出售物品，各方互不干涉、各得其所。当然，这些是无法绝对实现的。

### （二）基于产品的差别定价

购买商品的过程是顾客与商品结合的过程。既然很难把顾客按照富裕程度加以分类，并按不同价格向他们推销同一产品，那么，可供选择的办法就是把同一产品作不同的改进后，分别冠以"豪华""超豪华"的头衔，让它们吸引"高价顾客"的自动到来。这就是基于产品的差别定价策略。现在，我国不少耐用消费品都有豪华型与普通型之分，这就是为富裕程度不同的顾客设计的。但有一点可以肯定：豪华型产品所增加的成本，远远低于其售价的增量。否则，基于产品式样的差别定价策略就失去了意义。

### （三）基于地点的差别定价

基于地点的差别定价的一个典型例子是剧院或体育馆的前后排座位的票价不同。但是，更有现实意义的例子是，同一瓶饮料在街头的食品店里和在咖啡厅里价格相差甚远。显然，咖啡店的饮料就像冠有"豪华"字样的产品，能自动吸引那些愿意出高价来消费的顾客。

### （四）基于时间的差别定价

基于时间的差别定价的主要目的是使已有设施充分而均衡地发挥作用，如：深夜的长途电话收费较低，淡季的旅游饭店客房打折扣收费，节假日的城市旅游景点加倍收门票费等。

## 五、心理定价策略

市场上的每一件产品都能满足消费者某一方面的需求，其价值与消费者的心理感受有着很大的关系，这就使得企业在定价时可以利用消费者的心理因素，采取不同的定价技巧，有意识地将产品价格定得高些或低些，以满足消费者生理的和心理的、物质的和精神的多方面需求，而企业通过消费者对产品的偏爱或忠诚，可以扩大销售，获得最大效益。常用的心理定价策略有以下几种形式。

### （一）整数定价策略

产品的价格不仅代表商品的价值，有时也代表着商品的质量，对于市场上那些无法明确显示其内在质量的商品，如高档商品、奢侈品、流行品或礼品，消费者往往通过其价格高低来判断质量的好坏。这时，企业可以采用整数进行定价，即给商品的价格取一个整数，给消费者造成高价的印象。整数定价常常以偶数，特别是"0"作尾数。例如，精品店的服装可以定价为 1 000 元，而不定为 998 元。这样定价的好处是：省却了找零钱的麻烦，方便企业和顾客的结算；满足消费者对地位、名牌及精品带来的虚荣心的满足，迎合消费者"一分价钱一分货"的购买心理。

(二)尾数定价策略

尾数定价策略又称“非整数定价”,是指企业利用消费者追求便宜的心理,制定非整数价格,而且常常以奇数作尾数,尽可能让价格不进位。比如,宁可取 2.97 元,而不定 3 元;宁可定 19.90 元,而不定 20 元。这在直观上可以促使消费者对价格产生认同,激发消费者的购买欲望,促进产品销售。

总体上说,使用尾数定价可以使价格在消费者心中产生以下几种特殊效果。

(1)便宜。标价 99.96 元的商品和 100.06 元的商品,虽然仅差 0.1 元,但前者给消费者的感觉是还不到“100 元”,而后者却使人产生“100 多元”的想法。因此前者可以使消费者认为商品价格低、便宜,更易于接受。

(2)精确。带有尾数的价格会使消费者认为企业定价是非常认真、精确的,连零头都算得清清楚楚,进而会对商家或企业的产品产生一种信任感。

(3)中意。由于民族习惯、社会风俗、文化传统和价值观念的影响,某些特殊数字常常会被赋予一些独特的含义。企业在定价时如果能加以巧用,其产品就会因之而得到消费者的偏爱。例如,“8”作为价格尾数在我国南方和港澳地区比较流行,人们认为“8”即“发”,有吉祥如意的意味,因此企业经常采用;又如“4”及西方国家的“13”被人们视为不吉利,因此企业在定价时应有意识地避开,以免引起消费者对企业产品的反感。

(三)声望定价策略

这是根据产品在消费者心中的声望、信任度和社会地位而确定价格的一种定价策略。声望定价可以满足某些消费者的特殊欲望,如对身份、地位、财富以及自我形象等方面的虚荣心理;企业还可以通过高价格显示其产品的名贵品质,因此,这一策略适用于一些传统的名优产品、具有历史地位的民族特色产品,以及知名度高、有较大市场影响、深受市场欢迎的驰名商标。例如,我国的景泰蓝瓷器在国际市场上价格达 2 000 多法郎,就是成功声望定价的典范。

(四)招徕定价策略

一般来说,顾客都有以低于市价的价格买到同质商品的心理要求。企业抓住顾客这一心理,可特意将商品价格定得略低于同行生产者和经营者的价格,以招徕顾客,引导其好奇心理和购买行为,并带动其他价格比较正常的商品的销售,这种策略称为招徕定价策略。这一定价策略常为综合性百货商店、超级市场甚至高档商品的专卖店所采用。但是用于招徕的降价品,不同于低劣、过时的商品,“招徕”的商品必须是品种新、质量优的适销产品,而不能是处理品;否则,不仅达不到招徕顾客的目的,反而会使企业声誉受损。

## 课后习题

### 一、选择题

1. 下列定价方法中允许将价格定在成本以下的是(　　)。

A. 成本加成定价法　　B. 需求导向定价法

C. 竞争导向定价法　　D. 声望定价法

2. 中国服装设计师李艳萍设计的女士服装以典雅、高贵享誉中外,在国际市场上一件“李艳萍”牌中式旗袍售价高达 1 000 美元,这种定价策略属于(　　)。

A. 声望定价　　B. 心理定价　　C. 招徕定价　　D. 需求导向定价

3.“中国青年旅行社”的海南双飞6日游旅游项目在暑假定价为1 050元/人，春节期间定价为1 850元/人，这种定价方法属于(　　)。

A. 季节折扣　　B. 数量折扣　　C. 功能折扣　　D. 现金折扣

4.“吉列”公司给其产品剃须刀架定价很低，而给其产品剃须刀片定价很高，这种定价方法属于(　　)。

A. 副产品定价法　　B. 产品线定价法

C. 选购产品定价法　　D. 产品群定价法

5. 中国电信规定每日21:00—24:00拨打国内长途电话按半价收费，这种定价策略属于(　　)。

A. 成本加成策略　　B. 差别定价策略

C. 心理定价策略　　D. 组合定价策略

## 二、简答题

1. 简述价格对消费者心理的作用。
2. 企业在给自己的产品制定价格时需要考虑哪些因素?
3. 企业在哪些情形下需要考虑降价?

## 三、案例分析题

### 一个珠宝定价的有趣故事

深圳市的异彩珠宝店，专门经营由少数民族手工制成的珠宝首饰，位于游客众多、风景秀丽的华侨城(周围有著名的旅游景点如世界之窗、民族文化村、欢乐谷等)，生意一直比较稳定。客户主要来自两部分：游客和华侨城社区居民(华侨城社区在深圳属于高档社区，生活水平较高)。

几个月前，珠宝店店主易麦克特(维吾尔族)进了一批由珍珠质宝石和银制成的手镯、耳环、项链的精选品。与典型的绿松石造型中的青绿色调不同的是，珍珠质宝石是粉红色略带大理石花纹的颜色。就大小和样式而言，这一系列珠宝中包括了很多种类，有的珠宝小而圆，式样很简单，而别的珠宝则要大一些，式样别致、大胆。不仅如此，该系列还包括了各种传统样式的由珠宝点缀的丝制领带。

与以前的进货相比，易麦克特认为这批珍珠质宝石制成的首饰的进价还是比较合理的。

他对这批货十分满意，因为它比较独特，可能会比较好销。在进价的基础上，加上其他相关的费用和平均水平的利润，他定了一个价格，觉得这个价格应该十分合理，肯定能让顾客觉得物超所值。

这些珠宝在店中摆了一个月之后，销售统计报表显示其销售状况很不好，易麦克特十分失望，不过他认为问题原因并不是在首饰本身，而是在营销的某个环节没有做好。于是，他决定试试在中国营销传播网上学到的几种销售策略，比如：令店中某种商品的位置有形化往往可使顾客产生更浓厚的兴趣。为此，他把这些珍珠质宝石装入玻璃展示箱，并将其摆放在该店入口的右手侧。可是，当他发现位置改变之后，这些珠宝的销售情况仍然没有什么起色。他认为应该在一周一次的见面会上与员工好好谈谈了。他建议销售小姐花更多的精力来推销这一独特的产品系列，并安排了一个销售小姐专门促销这批首饰。他不仅给员工们详尽描述了珍珠质宝石的特点，还发了一篇简短的介绍性文章以便他们能记住并介绍给顾客。不幸的是，这个方法也失败了。就在此时，易麦克特正准备外出选购产品。因对珍珠质宝石首饰销售下降感到十分失望，他急于减少库存以便给更新的首饰腾出地方来存放，他决心采取一项重大行动，选择将这一系列珠宝半价出售。临走时，他给副经理匆忙地留下了一张字条："调整一下那些珍珠质宝石首饰的价格，所有都×1/2。"

当他回来的时候，易麦克特惊喜地发现该系列所有的珠宝已销售一空。"我真不明白，这是为什么，"他对副经理说，"看来这批首饰并不合顾客的胃口。下次我在新添宝石品种的时候一定要慎之又慎。"而副经理对易麦克特说，自己虽然不懂为什么要对滞销商品进行提价，但惊诧于提价后商品出售速度惊人。易麦克特不解地问："什么提价？我留的字条上是说价格减半啊。""减半？"副经理吃惊地问："我认为你的字条上写的是这一系列的所有商品的价格一律按双倍计。"结果，副经理将价格增加了一倍而不是减半。

**思考**：通过案例分析加深对定价目标与定价方法的理解。

# 第八章　分销策略

**【知识目标】**

1. 理解分销渠道的概念及中间商的分类；
2. 掌握分销渠道的设计与管理理论及方法。

**【能力目标】**

1. 学会对分销渠道的管理；
2. 能表述分销渠道的重要作用。

**【导入案例】**

**宝洁和沃尔玛**

宝洁是消费型产品的全球领导者，零售巨擘沃尔玛是它最大的客户之一。在20世纪80年代中期，这两家巨型企业之间的关系变得剑拔弩张。对手变盟友——一份战略联盟协议让沃尔玛和宝洁化干戈为玉帛，成为供应链中的合作伙伴，从而结束了两者长期敌对的局面。在共同的商业活动将会给双方带来的结果方面达成了共识。来自宝洁和沃尔玛的管理者们发现，彼此的举措原来可以是合理的，而不是自利的行为。充分理解对方的需要之后，这两家公司在双赢战略的基础上开始合作，而宝洁也无需再向沃尔玛提供折扣。这个战略实施非常成功，于是被推而广之——宝洁甚至几乎停止了所有的降价推广活动，为此它几乎得罪了整个零售业。但是这样做的结果却是，宝洁的盈利大幅攀升。为了使合作可以运转，这两家公司把软件系统连接到一起，很多信息都实现了共享。据报道，现在，当沃尔玛的分销中心里宝洁的产品存货量低时，它们的整合信息系统会自动提醒宝洁要补货了。该系统还允许宝洁通过人造卫星和网络技术远程监控沃尔玛每个分店的宝洁产品专区的销售情况，而网络会把这些信息实时反映给宝洁的工厂。宝洁的产品无论何时在收银台扫描，这些工厂都可以知道。这些实时信息使宝洁能够更准确地安排生产、运输，以及为沃尔玛制定产品推广计划。节省下来的库存费用就使得宝洁可以向沃尔玛提供更加低价的产品，这样沃尔玛就能继续它的"每日低价"策略了。

# 第一节 分销渠道的概念

分销渠道，是指为促使产品或服务能顺利通过市场交换过程，转移给消费者(用户)消费的一整套相互依存的组织。它是独立于生产和消费之外的流通环节，同时又是联结生产与消费的桥梁。可以从广义与狭义两个方面理解分销渠道。

广义上的分销渠道是指对厂商销售的产品以及生产产品所需要的原料零件进行运输、仓储、分送、调剂的通路及相应为之服务的组织与环节。

狭义的分销渠道是指顾客购买商品的起点与场所，即商品所有权从厂家向商家、顾客转移的过程，其间经历了批发与代理等各种经销商、零售商等，也有不少商品不经过经销与零售等中间环节，直接销售给顾客。

## 一、分销渠道的特征

(1)分销渠道是一个流通体系。它一端连接生产，另一端连接消费，是实现产品从生产企业不断流向消费者(用户)的整个流通过程。

(2)分销渠道由一群相互依存的组织或个人组成，其成员通常包括生产者、中间商(批发商、代理商、零售商)和消费者，他们共同为解决产品流通问题发挥各自不同的营销功能，形成合作关系；同时也会因不同的利益和其他原因发生矛盾和冲突，需要协调和管理。

(3)分销渠道的实体是购销环节。产品在渠道中通过购销活动转移所有权，流向消费者。

(4)分销渠道是一个多功能系统。它不仅要通过在适当的地点，以适当的质量、数量和价格供应产品和服务以满足需求，而且要通过各成员的促销活动来刺激需求。分销渠道通过完成其系统功能，为最终消费者创造价值。

## 二、分销渠道的类型

### (一)按长度结构来划分

分销渠道可以按渠道层次数目来划分。每个中间商，只要在推动产品及其所有权向最终购买者转移的过程中承担若干工作就是一个渠道层次。由于生产者和最终消费者都承担了某些工作，它们也是渠道的组成部分。我们用中间商的层次数目来表示渠道的长度，即分销渠道可以分为零层、一层、二层和三层渠道，据此还可以分为直接渠道和间接渠道、短渠道和长渠道几种类型。

(1)零层渠道是制造商将产品直接销售给消费者或用户的直销类型，其特点是没有中间商参与，常见方式有上门推销、邮销、互联网直销及厂商自设机构销售。

(2) 一层渠道含有一级中间商。在消费品市场，这级中间商通常是零售商，而在工业品市场，它可以是一级代理商或经销商。

(3)二层渠道包含两级中间商。消费品二层渠道的典型模式是经由批发和零售两级转手分销，而在工业品市场则多由代理商及批发经销商组成。

(4)三层渠道包含三级中间商。通常是在批发商和零售商之间增加一级专业性经销商，以便更好地为小型零售商服务。

层数更高的营销渠道也还有，但是不多。从生产者的观点看，渠道层数越高，控制也越成问题，制造厂商一般总是和最近的一级中间商打交道。零层渠道亦称直接渠道，一、二、三层渠道则统称为间接渠道。为分析和决策方便，有些学者将间接渠道中的一层渠道定义为短渠道，而将二、三层渠道称为长渠道。显然，短渠道较适合在小地区范围销售产品（服务）；长渠道则能适应在较大范围和更多的细分市场销售产品。在当今市场，随着信息技术特别是电子商务的发展，分销渠道有缩短趋势。

渠道的长度策略是指企业根据产品特点、市场状况和企业自身条件等因素来决定渠道的层数。

（二）按宽度结构来划分

渠道每一层级使用同类型中间商的多少形成渠道的宽度结构。由较多的同类中间商（如批发商或零售商）组成的分销渠道谓之宽渠道；反之，则为窄渠道。分销渠道的宽度结构大致有以下三种类型：

1. 高宽度分销渠道

即制造商通过尽可能多的批发商、零售商经销其产品所形成的渠道。高宽度渠道通常能扩大市场覆盖面，或使某产品快速进入新市场，使众多消费者和用户随时随地买到这些产品。消费品中的便利品（如方便食品、饮料、牙膏、牙刷）和工业品中的作业品（如办公用品），通常使用高宽度渠道。

2. 中宽度分销渠道

即制造商按一定条件选择若干个同类中间商经销产品所形成的渠道。中宽度渠道通常由实力较强的中间商组成，能较好地维护品牌信誉，建立稳定的市场和竞争优势。这类渠道，多为消费品中的选购品和特殊品、工业品中的零配件等生产厂商采用。

3. 独家分销渠道

即制造商在某一地区市场仅选择一家批发商或零售商经销其产品所形成的渠道。独家分销渠道是窄渠道。独家代理（或经销）有利于控制市场，强化产品形象，增强厂商和中间商的合作及简化管理程序，多为产品和市场具有特异性（如专门技术、品牌优势、专业用户等）的制造商采用。

（三）按分销渠道系统的管理模式来划分

1. 垂直型分销渠道

垂直型分销渠道的出现是对传统分销渠道的挑战。传统分销渠道是由独立的制造商、批发商和零售商组成的比较分散的网络。每个成员都是一个独立的经济实体，它们为追求自己的利润最大化而自行其是，不惜减少整个渠道的利润，没有一个渠道成员有能力控制其他成员。与之相反，垂直型分销系统由制造商、批发商、零售商联合成一个统一体，其中的一个渠道成员拥有其他成员的所有权，或实行特许经营，或它有足够的实力使其他成员愿意合作。

垂直型分销渠道是实行专业化管理和集中控制的网络，事先规定要实现的经济效益和最大的市场影响力。垂直型分销渠道通过控制渠道行为，消除各渠道成员为追求各自利益而造成的冲突。各渠道成员通过规模经济、合作和减少重复服务获得效益。垂直型分销渠道又分为三种类型：公司式、管理式和契约式。

（1）公司式的垂直型分销渠道是由同一所有权下的生产和分销部门组成。这种垂直型分销渠道的垂直一体化能向后或向前一体化，能对渠道实现高水平的控制，如假日旅馆正在形成一个自我供应的网络。

（2）管理式的垂直分销渠道是通过某一规模大、实力强的成员，把不在同一所有权下生产部门和分销部门联合起来的市场分销渠道。名牌制造商有能力从再售者那儿得到强有力的贸易合作和支持。因此，吉利和宝洁等公司能够在有关商品展销、货柜位置、促销活动和定价政策等方面获得其再售者强有力的贸易合作和支持。

(3)契约式是指由不同层次的独立制造商和分销商在合约的基础上进行联合，以获得单独经营不可能获得的经济效益和销售业绩，故有人称之为“增值伙伴关系”。契约式垂直营销系统有三种形式：

一是批发商倡办的自愿连锁组织。批发商组织独立的零售商成立自愿连锁组织，帮助他们和大型连锁组织抗衡。批发商制订一个方案，根据这一方案，使独立零售商的销售活动标准化，并获得采购经济的好处。

二是零售商合作组织。零售商可以带头组织一个新的企业实体来开展批发业务和可能的生产活动。成员通过零售商合作组织集中采购，联合进行广告宣传。利润按成员的购买量进行分配。非成员零售商也可以通过合作组织采购，但是不能分享利润。

三是特约代营组织 。在生产分配过程中，一个被称为特约代营的渠道成员可能连接几个环节。特约代营是近年来发展最快和最令人感兴趣的零售形式。尽管基本思想还是旧的，但是有些特约代营的形式却是崭新的。其方式可分为三种：第一种是制造商倡办的零售特约代营系统，如福特公司特许经销商出售它的汽车，这些经销商都是独立的经销人员，但是同意满足有关销售和服务的各种条件。第二种是制造商倡办的批发特约代营系统，如可口可乐饮料公司特许各个市场上的装瓶商购买该公司的浓缩饮料，然后由装瓶商充碳酸气、装瓶，再把它们出售给本地市场的零售商。第三种是服务公司倡办的零售特约代营系统。由一个服务公司组织整个系统，以便将其服务有效地提供给消费者。这种形式多数出现在出租汽车行业、快餐服务行业和旅馆行业。

2. 水平型分销渠道

这种渠道形式是由两个或两个以上的公司联合开发一个营销机会。这些公司缺乏资本、技能、生产或营销资源来独自进行商业冒险，或发现与其他公司联合开发可以产生巨大的协同作用。各成员间通过暂时或者长期的合作，各公司可以通过共享各自的资金、生产能力和市场资源实现原先单一公司无法实现的超常业绩。比如，许多储蓄银行都会把办公地点或自动柜员机设置在超级市场附近，以便以较低的成本迅速接近目标市场；而超级市场则因为在店内提供银行服务而获得更多客户的青睐。

3. 多渠道型

在过去，大多数公司只通过一条渠道进入一个市场，今天随着细分市场和潜在渠道的增加，越来越多的公司采用多渠道市场营销。多渠道分销系统是指一家公司利用两个或两个以上的渠道到达一个或几个细分市场。比如，麦当劳公司虽然有许多独立的特许经营加盟店构成其主要的商业网络，但它也独自拥有近 1/3 的门店。

通过增加渠道，公司获得了三个好处：市场覆盖率提高；渠道成本降低；更好地满足了顾客的需要。为了进入原先不能进入的市场，公司往往增加新的渠道，例如增加农村代理商为分散的农户服务；或降低销售成本，例如对小主顾来说，电话推销比人员推销更合适；或更好地满足顾客的需求，例如使用专业推销员销售复杂的设备。

从新渠道中获得利润，并不是没有代价的，新的渠道往往也产生了冲突和控制问题，当两个以上的渠道为同一细分市场服务时，渠道冲突就产生了；而如果新渠道独立性较强，合作困难时，控制问题也会出现。但无论如何，渠道联合正在使企业从分散无序的游击战走向集约规模的阵地战。

## 第二节　中间商

按中间商与消费者的关系，也就是与最终消费者的接近程度可划分为批发商和零售商两大类。由于中间商的类型越来越复杂，各种中间商互相渗透，你中有我，我中有你，因此，这种划分是相对的。

### 一、批发商

批发商是商品流通中的大动脉，凡是从事不将产品直接销售给最终消费者的流通业务的中间商就是批发商。按照与生产制造商的隶属关系，批发中间商可以简单地划分为独立批发商和制造商自有的批发商。

（一）独立批发商

独立批发商与许多不同的制造商和顾客做业务。因为它们不被任何一家制造商拥有或控制，这就使得很多制造商可以在向全世界的顾客提供产品和服务的同时，维持较低的产品价格。独立批发商大体上又可分为商业批发商和商业代理商两种类型。

1. 商业批发商

商业批发商是专门从事各种批发业务的商业企业，它们是批发业中的主体。商业批发商拥有产品的所有权，即他们从制造商那里购买产品，然后再转卖给零售商和其他顾客。因为他们取得了产品的所有权，因此，产品损坏了、过期了、被偷了或产品滞销积压以致卖不出去，它们要承担一定的风险和损失。同时，由于它们拥有产品的所有权，因此可以自由地制定自己的营销策略，包括给产品定价的权利。他们的利润主要来自批发的数量，通常他们的批发价格相对零售商的价格来说较低，但由于经营的数量大，利润也随量增长。

2. 商业代理商

商业代理商是指不拥有经营商品的所有权，代制造商进行经销活动的批发商业企业。由于使用代理商可以在制造商收到货款以后才支付佣金，因此对于财务资源有限的新企业和小企业而言，这种形式就特别有利。而且对于制造商而言，使用代理商有很大的灵活性。比如一个企业新进入一个地区时，由于不熟悉当地情况，可以利用代理商，当过了一段时间后，制造商可以脱离代理商自己进行市场营销；而制造商与经销商则往往因为签订有较为长期的协议而无法给予制造商这样的便利。代理商又分为以下几种类型：

（1）企业代理商。企业代理商也称区域代理商，是指在某一区域范围内为多家制造商代理销售业务的代理商，是代理商中的主要形式。他们代表一家或几家制造商推销商品，与制造商就价格、地区、承接订单程序、运输服务方法、质量保证以及佣金标准等订有书面协议。企业代理商一般人员不多，但都是精明强干的推销能手，因此一般小企业和新开辟市场的大企业都愿意雇用这样的企业代理商。

（2）销售代理商。销售代理商是在协议规定的时间和范围内，为某一生产厂商独家代理销售业务的代理商，他们代理制造商销售全部产品，并为制造商提供诸多服务（如设置产品陈列和负责广告费用等）。实力雄厚的销售代理商还以票据或预付款等方式向制造商提供资金方面的资助。他们对于产品价格、交易条件等有很大的影响力。从某种意义上讲，销售代理商就是企业的一个销售部门，它们的命运和制造商紧密相连。该种形式的代理商常见于工业机器和设备、煤、焦炭、化学品和金属品等领域。

(3)采购代理商。采购代理商一般和买主建有长期关系，为其采购商品，经常为买主收货、验货、储存和送货。该种形式的代理商常见于服装市场。

(4)佣金代理商。这是指为企业临时代理销售业务的代理商，通常是以每一笔生意为单位同生产厂商建立委托代理关系。生意做完，委托代理关系也就结束，然后按销售额的多少提取佣金。

(5)经纪人。经纪人是一种独特的代理商，其作用是为买卖双方牵线搭桥，协助谈判。说经纪人比较特别是因为其往往是针对业务进行代理，而不是针对企业。也就是说，经纪人只负责介绍业务给买卖双方，帮助交易达成。他们一般不与制造商建立固定的联系，今天代表 A 公司，明天代表 B 公司，完全随业务而变化。常见的例子有房地产经纪人、保险经纪人和证券经纪人等。

按照执行附加服务的程度不同，独立批发商又可分为执行完全服务批发商和有限服务批发商两种。执行完全服务批发商向它们的顾客提供广泛的服务，包括送货、信用、产品使用帮助、维修、广告和其他促销支持，甚至市场调研。与此相对应，有限服务批发商则向它们的顾客提供少量服务，虽然它们与商业批发商一样拥有商品所有权，但一般不会给零售商提供如送货、信用或营销援助等服务。

### (二)制造商自有的批发商

有时候制造商建立它们自己的渠道批发商。通过这种方式，它们成立单独的业务部门来完成整个独立批发商的作用，同时维持对整个渠道的完全控制。那些生产和零售规模较大、资金雄厚的制造商和零售商为了实行产供销一条龙的发展战略，不通过批发商，自己在各地甚至在世界范围内建立自己的批发网络，以便对市场有更大的控制力。例如，某些著名跨国公司在进入我国市场的初期，在我国设立了办事处，有些办事处就承担了批发商的功能。他们不仅负责公司在华的产品销售业务，而且也控制产品的批发、销售、仓储和库存以及零配件的发送环节，提高了自己产品在华的整体竞争力。

目前在批发业务中出现了批发商、制造商与零售商联合经营的趋势。一种是工业企业参与批发。工业企业参与批发或企业与批发商相互联合共同批发产品，可以发挥各自的优势，以销售带动工业品的生产，对双方都有很大的好处。一种是零售与批发业务相互兼营。许多实力雄厚的大型百货公司、超级市场、连锁店等零售企业纷纷兼营批发，通过批发来促进销售，扩大销售范围。

## 二、零售商

现代零售业是一个投入高、科技含量较高、专业知识较强、风险较大的行业。零售商是将产品直接出售给最终消费者的流通企业，它在一个国家的经济生活中起着越来越重要的作用。它的基本职能就是将生产者生产的各种有形和无形产品卖给消费者，完成产品从生产领域向消费领域的最终转变。由于它是直接实现产品价值的最后环节，一般来说，其经营风险要比批发商大，因此零售加成比率也比较高。现代零售商业的形式复杂多样，新型的零售形式层出不穷，这主要是由于零售生命周期从其产生到成熟的时间越来越短。所谓的零售生命周期，是指一种具体的零售形式从其产生到增长、成熟、衰退所经历的全部时间。与产品生命周期不同的是，零售生命周期比前者在表现形式上要复杂得多，时间长得多，特别是从其产生到成熟，以及成熟期的时间要长得多。例如在美国，超级市场经过20多年才发展比较成熟，而百货商店的时间更长，经过80年才进入成熟期。

零售商业大体上分为店铺零售、无店铺零售和零售组织三种基本类型，每种类型又包含着多种多样的形式。这里着重介绍店铺零售。

店铺零售是最早出现，也是目前在零售业中占据着主导地位的零售形式，它以一个固定的地点出售商品，又叫商店零售业。

1. 百货商店和购物中心

百货商店自从20世纪在欧洲诞生以来，显示出较强的生命力。它是将零售业从小型、分散的阶段推向规模经营的一次革命。规模经营使它的商品门类齐全，价格比较便宜，不仅便于顾客集中购买，节省时间，而且也能满足不同口味消费者的需要。商家也像厂家一样，从这种规模经营中获得较多的利润，因而经久不衰。我国的百货商店自改革开放以来，摆脱了计划经济体制下统购统销的僵硬流通模式后，获得了长足的发展。但进入20世纪90年代以后，受到了其他零售新形式的严重挑战。为此，其采取了四种对策迎接挑战：一是上档次，向高档、豪华的现代化大型商厦方向发展。为了适应人民生活水平的提高，改善与美化购物环境，北京、上海等大城市的一些百货商店投入重金，扩大营业面积，提高装修档次，安装各种电梯和辅助设施。营业初始收到明显的效果，销售额与利润大幅度上升；但是由于各地的百货商店一哄而起，纷纷修建大型商厦，超过了实际需求，其效益逐渐下降。这说明百货商店向大型商厦发展一定要适度和量力而行。二是上规模，一些效益较好、品牌知名度高的百货商店通过建立分店、连锁店扩大经营地域。这种趋势也符合西方各国百货商店的发展规律，但给企业的管理带来了很大的难度。这里的关键在于能否处理好统一管理与分散经营的关系。同其他行业相比，零售业是不可预料因素最多的一个行业，风险很大。20世纪90年代河南郑州一个著名的百货公司先后在全国各地建立若干分店，声势很大，但由于管理不适应当地的市场变化，分店很快陷入亏损。三是多元化经营，有些商店在传统的百货商店业务以外，还建立了以自己品牌命名的超级市场、名优产品专卖店、批量销售店，还有的参与批发业务。四是特色经营。不少百货公司以独特的定位，通过差异化的策略异军突起；有的减少商品种类，专门经营品牌与特色商店；有的面向最有钱人，有的以服务取胜，还有的承诺无条件退货；等等。实践证明，差异化的效果较好，它应成为百货公司发展的方向。

2. 超级市场

超级市场是指从经营食品起步，发展到以日用百货为主的大规模开架陈列、顾客自选、集中结算的自我服务式零售商业。它的最大特点是顾客自我挑选，自我服务，这是零售业服务方式的一次革命。它极大地激发、刺激了消费者的购买欲望。传统的零售店是通过售货员提供购买服务的，尽管它有许多优点，但是从顾客角度上看，它使顾客的购物成为一次单纯的购买，限制了顾客的参与，也就限制了顾客的购买。而超级市场的商品完全开架，任由顾客自由挑选，这样就使顾客从被动变成主动，有力地调动了顾客购买的积极性。超级市场给顾客提供的这种自我选择、自我服务的方式，再加上舒适的购物环境，眼花缭乱的商品，使顾客的购买过程变成一个对商品了解、比较的自我学习过程，一个自我消遣、娱乐的过程。商家就是在这样一个过程中增加了商品的销量。另外，规模经营使得商品齐全，价格便宜，也是促进销量增长的一个重要因素。超级市场自诞生60多年以来，大体上经历了三个发展阶段：一是小规模的食品超市阶段。最初的超市主要是满足人们对食品与杂物的需要，规模也比较小。20世纪80年代中期在我国最早出现的超市就属于这种性质，面积大约几百平方米左右。二是超市进入中等规模阶段，经营的食品范围扩大到家庭经常购买的鱼肉、蔬菜、水果等生鲜食品，而且生熟食品的包装向着标准化的方向发展，同时营业面积扩大了，一般为 1 000 平方米左右。目前，我国绝大多数的国有超市就处在这个阶段。三是发展到目前的大型百货超市。它摆脱了超市以经营食品为主的传统，经营的品种扩大到一般性的日用百货，食品只占 1/3，购物环境也朝着清洁、舒适的方向发展，面积扩大到几千甚至上万平方米。目前进入我国的家乐福、沃尔玛等外资超市以及内资的华联大体上属于这种类型。世界超级市场发展的趋势，一种是继续向着超大型化的方向发展，特别是同百货商店相结合；另一种是连锁经营，像前面提到的家乐福、沃尔玛等实力雄厚的大型超市都实行跨国连锁经营，在世界各国建立了以自己品牌为名称的连锁超市。

3. 专营店

专营店也叫专卖店，它是经营产品比较单一的零售商业，是消费需求差异化发展的必然结果。虽然专卖店的规模和销售额比不上百货商店、超级市场等经营大众消费品的商店，但它以其独特的个性，吸引着大批追求某一特殊需求的顾客。这种经营是建立在科学的市场细分基础之上的，以特定的目标市场作为自己的发展方向，有着顽强的生命力，而且正以各种形式渗透、蚕食着传统的零售商店。专营店主要有两种类型：一是产品专营店，这是专门经营某一类商品的专营商店。我国计划经济体制下的各种行业或部门所属的商店就具有这种性质，如鞋帽店、服装店、食品店、药店、粮店等。在向市场经济转型过程中，可将它们改变为独立经营的产品专营店，关键是要发挥传统优势，扩大经营的规模，以规模取胜。例如，北京图书大厦，营业面积上万平方米，图书门类齐全，几乎包括了全国所有出版社的图书，加之设在交通方便的西单，每天购书的读者络绎不绝。二是品牌专营店，即专卖某一品牌的商品，如李宁专卖店等。随着个性消费、时尚消费、品牌消费的兴起，这种商店会越来越多。

4. 便利商店

便利商店也叫方便商店，它是从超级市场中分割出来的以经营居民日常生活必需的食品与杂物为主，便于购买的小规模零售商店。便利商店在我国又称便民店，它的市场定位是购买方便，即地点一般设立在居民区或街头巷尾，营业时间比一般的商店要长，有的甚至一天 24 小时都营业；经营的都是居民每天必需的生活日用品，如食品、饮料、烟酒糖果、文具、洗涤用品等，同时还备有微波炉等加温的设备。它的规模比较小，营业面积一般为几十平方米。目前，便利商店在我国获得长足的发展：一是许多原先的粮店、副食品店、烟酒糖果店等商店由于地处居民区，使得它们最早转为方便商店，而且大多采取了连锁经营的方式。二是一些国外的方便商店也纷纷以连锁的形式进入我国。例如，日本著名的 7－11 便利店在上海、深圳等地开设了多家连锁便利店。方便商店在我国有着较大的市场。对于我国绝大多数地区特别是广大的农村地区，方便商店的发展潜力同连锁店一样，比超级市场要大得多。因此，应把方便商店同连锁店一起，作为零售商业的发展重点。这是由我国居民目前对生活必需品的采购频率所决定的。西方发达国家的居民对生活必需品的采购频率是以星期为单位的，他们工作与生活的节奏快，时间宝贵，汽车普遍进入家庭，居室面积较大，每到周末，他们开车到超级市场，一次将一星期的生活必需品采购齐全，因此他们对超级市场的依赖性大。我国居民住房面积较小，工作与生活节奏相对较慢，大多数人没有私人汽车，加上保持传统的食用新鲜食品的习惯，使得我国居民对生活日用品的购买频率以日为单位，经常利用上下班，顺手买下当天的用品。对于多数上班的人来说，基本上是一天一买，而对于空闲在家的人来说，有的是一天几次。可见，目前我国居民在生活必需品的消费上，对方便商店的依赖性比超市强。

# 第三节 分销渠道策略

## 一、分销渠道的设计

(一)分销渠道设计概念

分销渠道设计是企业对关系其长期生存和发展的分销模式、基本目标及管理原则所做的规划、选择与决策,其基本目标是向目标市场有效地传达重要消费者价值。企业进行渠道设计需要两个前提:一是要有清晰的产品或服务概念可以提供给顾客;二是产品或服务必须有明确的目标市场。如果你的产品或服务对目标市场没有真正价值,最终用户并不认为你的产品(服务)具有合理的价格、较高的质量或其他更好的特征,或者你的目标市场十分模糊,分销渠道设计得再好也免不了失败。因此,渠道设计必须遵循两个价值原则:以合理的价格提供值得信赖的产品或服务,尽量减少消费者的各种不便;准确确定各类细分化的目标市场,并能提供合适的产品去满足其需要。

影响分销渠道战略设计的主要因素:

(1)市场性质。目标市场顾客的规模、地理分布、需求特征、购买行为特点等因素对渠道类型的选择具有决定性意义。面对顾客人数多、分布范围广、多品种小批量购买的市场,企业通常需要选择能充分利用中间商的长渠道;反之,则会倾向采用短而窄的渠道。

(2)产品特性。产品特性(理化性质、单价、式样和技术复杂程度等)对渠道决策有重要影响。易腐易损品、危险品、体积粗大笨重品,要尽可能采用直销或短渠道;单价较低的日用品、标准化的产品可采用较长渠道;专门性产品、需要提供特别服务如专业性安装调试、培训保养产品,一般宜用直销。

(3)中间商状况。可能利用的中间商类型及其优缺点,是渠道设计的制约因素。地区市场现有或潜在的中间商结构、业务素质和财务能力,批发商、零售商在执行产品运输、储存、促销、接触顾客,以及信用条件、送货、退货、人员培训等职能的程度和效率,都是渠道设计时必须考虑的。

(4)竞争者状况。竞争者使用渠道状况是渠道设计时模仿或避免的参照系。一些制造商希望以相同或相似渠道与竞争者品牌抗衡,或将自己的品牌纳入领导者品牌相同的市场中;另一些企业则要另辟蹊径,避免与竞争者渠道雷同。

(5)企业自身状况。企业自身状况是渠道设计的立足点。每个企业都要根据其规模、财务能力、产品组合、渠道经验和营销政策来选择适合自己的渠道类型。实力雄厚的大公司有能力和条件承担广泛、直接的分销业务,可以对渠道做更多的垂直整合或一体化工作;弱小的公司只有较少资源用于分销,通常只能更多依赖中间商。

(6)环境特征。环境作为大系统对渠道设计有广泛影响。就其最主要方面来说,一是经济形势。经济景气,渠道选择余地较大;经济萧条,渠道就要缩短,以减少渠道费用满足廉价购买需求。二是科技进步。冷冻技术延长了易腐食品储存期,信息技术减少了沟通困难,可以提供渠道的更大选择空间。三是法律法规。相关的法律规范,如专卖制度、反垄断法、进出口规定、税法等是渠道设计不能不考虑的。

(二)分销渠道设计要点

分销渠道设计的本质是寻求一种适合环境变化、节约交易成本的制度安排，通过获取合作伙伴的互补性资源，聚合彼此在不同价值链环节中的核心能力，创造更大的顾客价值。营销渠道的复杂性(如上述影响因素的复杂性)和渠道战略的长期性决定了分销渠道设计的难度。因此，规范设计原则与要点是必要的。大致上，设计一个渠道系统要求分析消费者的需要、建立渠道目标及限制因素，确定主要的渠道替代方案和评价方法。

1. 分析消费者需要的服务水平

弄清目标市场上消费者购买什么，在哪里购买和怎样购买，是设计市场营销渠道的第一步。市场营销者必须弄清目标消费者需要的服务产出水平。提供更多更好的服务意味着渠道开支的增大和消费者所支付价格的上升。某些分销商在零售技巧、商品陈列等方面花大力气，但这无法解释商品的出厂价和消费者面对的价格的差距如此之大；恰恰相反，在折扣商店中，许多消费者更愿意接受较低水平的服务带来的低价格。然而，还是有不少公司坚持提供高水平服务。

2. 确定渠道目标和限制条件

渠道目标的总体要求是使渠道系统能以最低成本有效地传递目标市场要求的服务产出，形成较强的竞争力。目标设计的关键是确定渠道系统合理的服务产出水平。为此，设计人员要研究预测目标市场消费者对渠道服务产出的需求水平，然后根据客观条件测算渠道系统可能达到的服务产出供给水平，并依据对渠道竞争力的预期在两者之间进行平衡，设定服务产出水平。在设计中，要防止渠道的服务产出供给不足或过剩两种偏差。前者指渠道提供的服务低于目标消费者要求，这会导致顾客不满，降低渠道竞争力；后者指渠道提供的服务高于目标市场要求，这会导致渠道成本的浪费。因此，合理的服务产出水平，应当设定在恰好能满足消费者需求的基准线上或附近。

在确定限制条件时，要充分考虑影响分销渠道战略设计的主要因素对渠道设计的限制。

3. 渠道规划

即从战略高度规划渠道蓝图，确定渠道成员之间的基本关系，是交易关系、合作关系，还是战略伙伴关系。这就需要根据外部条件、企业战略目标及拥有的资源，综合分析选择渠道的战略模式和基本策略。规划选定的渠道战略形态，乃是渠道构建和管理的纲领。

4. 明确主要的渠道设计方案

渠道设计方案涉及三个因素：中间商的类型、中间商的数量和每个渠道成员的交易条件及责任。

这一过程主要是决定使用企业自身资源为主来建立分销网络，还是更多地利用外部营销资源——中间商来进行产品的分销；采用较短的分销渠道还是较长的渠道模式；采取密集营销网络，还是采取选择型或独家型网络。

为确保渠道正常运行，必须确定渠道成员的条件与责任。这就是渠道运作与管理策略方面的设计。包括确定企业对渠道的控制程度的设定，渠道系统的商流、物流、资金流、信息流以及成员基本分工的原则设定，建立分销网络资料库、协调中间商关系、激励及对渠道冲突管理的原则等。

5. 评估主要的渠道设计方案

如果制造商需要从几个渠道设计方案中挑选最佳方案，那么每一渠道设计方案都必须从经济性、可控性和适应性三个方面加以考察。

## 二、分销渠道的管理

分销渠道策略是企业营销策略的重要组成部分。自 20 世纪 90 年代以来，企业界认识到，通过内外资源垂直整合，建立富有创意、高绩效的分销渠道，是提升企业竞争力的有效手段。各国企业纷纷加强分销渠道管理，运用价值链理论、交易成本理论、组织行为理论等，对分销系统作了全面的战略设计与调整，使传统的分销渠道管理更进一步适合现代营销的需要。

(一)分销渠道成员的遴选(选择)和培训

1. 分销渠道成员的选择

根据渠道设计方案要求招募选择合适的中间商是渠道管理的重要环节。通常，企业需要具体框定可供选择的中间商类型和范围，综合考察、比较它们的开业年限、经营商品特征、盈利、发展状况、财务、信誉、协作愿望与能力等；对代理商，还要进一步考核其经营产品的数量与特征，销售人员的规模、素质和业务水平；对零售商则要重点评估其店址位置、布局、经营商品结构、顾客类型和发展潜力。

渠道成员的选择是双向互动行为。不同企业对中间商的吸引力有很大差异，在不同区域市场的选择难度也不尽相同。渠道管理者应当根据本企业及当地市场的具体情况，把握和考核选择伙伴的上述标准，做出最合理的选择。当企业同意以渠道关系来共同经营时，它们就形成了渠道伙伴并承担长期责任。像婚姻那样，对于制造商和中间商两者来说，精心挑选渠道成员是很重要的，否则日后它们将为此选择感到后悔。在评价中间商方面，制造商应考虑以下几个问题：渠道成员将能带来实质性的利润率吗？渠道成员有能力为顾客提供所需服务吗？潜在中间商将对渠道控制有什么影响吗？例如，哪些中小型企业不愿意让零售巨头沃尔玛来分销它们的产品呢？把沃尔玛作为公司的渠道伙伴，小型公司业务量将会出现两倍、三倍或四倍的增长。

2. 渠道成员培训

选定的中间商通常以合同或协议方式明晰双方的合作内容和权责关系。为使渠道顺利运作和更有效率，需要对代理商或经销商提供训练方案并进行必要的培训。

(二)激励渠道成员

1. 了解中间商的需要

渠道管理者必须以对待其最终使用者的方式看待中间商，加强沟通，提供支持，激励各成员达到最佳绩效。一般而言，独立的中间商往往首先从自身利益出发，视自己为顾客的采购代理人，向供应商讨价还价，然后才考虑供应商的期望。中间商十分重视最佳销售业绩的商品组合，个别商品(品牌)项目订单只有在利于其整个商品组合时才会得到额外重视。对此，供应商必须了解并给予有效和足够的激励。

激励中间商的基本要求是：站在对方的立场上了解现状，设身处地为对方着想，采取适当的激励方式，防止激励过度或激励不足的情况发生。

2. 激励方式

当然，渠道成员关系未必总是充满甜蜜和光彩照人。因为每个成员都有自己的目标，渠道冲突可能威胁到制造商的分销战略。渠道冲突经常会出现在同一分销渠道不同层次的公司之间。目标不协调、缺乏沟通、责任和作用不一致导致了渠道冲突。例如，生产商可能觉得如果中间商仅经营它的一种品牌，公司能取得更大成功和获得更多利润率；但是，许多中间商认为如果经营多种品牌，将会更有利。

激励的基本点是了解中间商的需要，并据此采取相应的激励措施或手段：

(1)开展促销活动：主要包括广告宣传、商品陈列、产品展览和操作表演、新产品信息发布会等。

(2)资金支持：给中间商在付款上的优惠措施，以弥补中间商资金的不足，如分期付款、延期付款等。

(3)管理支持：协助中间商进行经营管理，培训营销人员，提高营销效果。

(4)提供情报：生产商将市场情报及时传递给中间商，将生产与营销的规划向中间商通报，为中间商合理安排销售计划提供依据。

(5)与中间商结成长期的伙伴关系。

分销商的动力来源于获利，他所做出的每一项承诺都在于你(生产商)为他做了多少，他相应也回报你一些。经验丰富的公司都设法与分销商建立长期的合伙关系。

#### (三)评价渠道成员

制造商必须定期评估中间商的业绩，其标准有销售配额完成情况、平均存货水平、送货时间、对次品与丢失品的处理情况、在促销和培养方面的合作、对消费者提供的服务，等等。或许，制造商会发现对某一中间商与其实际做的相比自己支付的报酬过多了；或许制造商还会发现自己为中间商提供补贴，鼓励在它的仓库里保持一定水平的存货，而事实上存货被放在了货栈，而且费用也由制造商自己来支付。制造商应建立类似的制度：完成协议的任务，支付一定的报酬；如果中间商完不成任务，就须予以建议、重新培训或重新激励；如果还不行的话，也许最好的办法就是终止关系。

#### (四)调整分销渠道

1. 增减渠道成员

根据企业的整体战略规划和对中间商的评估，对那些不能完成生产商的分销定额，并且不积极合作，影响生产商的市场形象的个别中间商，终止与他们的购销关系。

2. 增减销售渠道

销售渠道有许多种方式，随着形势的发展和变化，原有的销售渠道会在很多方面表现出不适应，而仅仅增减个别的渠道成员已经不能解决问题，这时往往需要对渠道进行大的调整，如增加一些新的渠道，或减掉一些老的不适应形势要求的渠道。

随着市场环境的变化，生产商要对渠道的结构进行调整，以提高产品的竞争力。调整分销渠道是企业市场营销组合和市场政策的重大变革，要十分谨慎。

### 三、渠道的合作、冲突与竞争

不管渠道设计如何精良、渠道成员如何优秀，总会存在冲突，因为存在利益不同的主体。解决渠道冲突问题是渠道管理的重要内容。

#### (一)渠道冲突与竞争的类型

假设一个制造商建立了由批发商和零售商组成的垂直渠道，它总希望它们之间互相合作，合作能使整个渠道比各行其是获得更多的利润。通过合作，渠道成员对目标市场有更好的了解，能提供更好的服务，能更好地满足需求。

但是垂直、水平和多渠道市场营销系统的冲突总会发生。通常，渠道冲突按渠道类型可以分为以下三种类型：

垂直渠道冲突是指同一条渠道中不同层次之间的冲突。例如，一家公司要求其经销商执行由它制订的服务、价格和广告策略时，就可能产生冲突。日本的折扣商店就以低于资生堂化妆品公司建议零售价的价格出售资生堂化妆品。

水平渠道冲突是指某渠道内同一层次的成员之间的冲突。例如，某公司的特许经销商太多，距离又太近，以致压低了它们的利润。为了控制水平渠道冲突，渠道领先者必须建立明确的有力的政策，并迅速采取行动。

多渠道冲突是指一个制造商建立了两条或两条以上的渠道向同一市场出售其产品而发生的冲突。当李维斯允许它的牛仔服通过精心选择的几家百货店销售时，经营李维斯品牌的专业店就十分不满；电视器材制造商决定通过大型综合商店出售其产品也总会招致独立的专业电视器材商店的不满。当一条渠道的成员销售额较大而利润较少时，多渠道冲突将变得更加激烈。

（二）渠道冲突的起因

区分引起渠道冲突的原因是十分必要的。解决有些起因比较简单，但有些很困难。一个主要的原因是目标不同。例如，一家制造商希望通过低价政策获得销量增长，而零售商则希望获取高利润，追求短期的利益，这种冲突就很难解决。有时冲突来自目标和权力的差异。例如，IBM利用自己的销售人员把微机销售给大客户，同时它的特许经销商也在努力向大客户推销。地区划分权、销售信用也是产生冲突的起因。冲突也可能起源于对预期的形势判断存在差异。比如，制造商预测近期经济形势比较乐观，希望经销商经营高档商品，但经销商对经济形势的预期并不乐观。冲突还可能源于中间商对制造商过度依赖，特许经销商（汽车经销商等）的经营状况受制造商的产品设计和定价策略的直接影响，这就很可能产生冲突。

（三）管理渠道冲突

某项渠道冲突是结构性的，这些冲突刺激渠道随着环境的改变而改变。但许多冲突是因为功能失调，问题在于如何管理而不是消除冲突。下面是几种有效管理冲突的方法：

(1)确立共同目标。有时渠道成员发现它们有共同的目标，如生存、市场份额、高品质、消费者满意度，这种情况通常发生在渠道面临外来威胁时，比如出现了强有力的竞争渠道、法律的改变或消费者需求的改变。紧密合作则能够战胜威胁，这也可能使各渠道成员明白紧密合作追求共同的最终目标的价值。

(2)在两个或两个以上的渠道成员之间交换人员。例如，本田公司的经理就可能会在其经销商那里工作一段时间，经销商会在本田的经销商政策部门工作一段时间。这样，当他们回到自己原先的工作岗位后，彼此之间有了更好的了解，更容易从对方的角度考虑问题。

(3)合作。这里的合作是指一个组织为赢得另一个组织的领导者的支持所做的努力，包括邀请他们参加咨询会议、董事会等，使他们感到自己的建议被倾听，受到重视。只要发起者认真对待其他组织的领导人总能减少冲突。但为了获得其他组织的支持，该组织不得不对其政策、计划进行修正、折中。

(4)鼓励在贸易协会内部及贸易协会与贸易协会之间建立成员关系。例如新加坡的家具设计中心就是家具公司和设计中心成立的协会，目的是使家具公司更好地了解公众，提高本地的家具设计水平。

## 课后习题

### 一、选择题

1. 制造商在某一地区通过最合适的几家中间商分销其产品，这种分销策略是（　　）。
A. 密集分销　　B. 选择分销　　C. 独家分销　　D. 区域分销
2. 分销渠道不包括（　　）。
A. 辅助商　　B. 生产者　　C. 代理中间商　　D. 商人中间商
3. 制造商在某一地区通过选择一家中间商为其经销产品的策略，称为（　　）。
A. 密集分销　　B. 选择分销　　C. 独家分销　　D. 区域分销
4. 如果顾客经常小批量购买，则须采用（　　）渠道为其供货。
A. 长　　B. 短　　C. 宽　　D. 窄
5. 常用在服饰、家具和电器等产品线上的经纪人和代理商是（　　）。
A. 产品经纪人　　B. 制造商代表　　C. 销售代理商　　D. 采购代理商

### 二、简答题

1. 通常从哪几个方面对中间商进行评价？
2. 销售渠道如何分类，各类的优缺点是什么？
3. 中间商与零售商、零售商与批发商有什么不同？

### 三、案例分析题

**春兰公司是如何维系经销商的**

江苏春兰集团实行的“受控代理制”是一种全新的厂商合作方法。代理商要进货，供销员必须提前将货款以入股方式先交春兰公司，然后按公司统一规定，提走物品。这一高明的营销战术，有效地稳定了销售网络，加快了资金周转，明显提高了工作效率。当一些同行被“互相拖欠”拖得精疲力竭的时候，春兰却没有一分钱拖欠，几十亿元流动资金运转自如。目前，春兰公司已在全国建立了13个销售公司，同时还有2 000多家经销商与春兰建立了直接代理关系，二级批发、三级批发，加上零售商，销售大军已达10万之众。

春兰的经验虽然简单易行，但并不是所有的企业都能一下子学到手的。首先，因为春兰用于维系经销商的手段并非单纯是“金钱”（即预付货款），更重要的是质量、价格与服务。春兰空调的质量，不仅在全国同行首屈一指，而且可以同国际上最先进的同类产品媲美。其次，无论是代理商还是零售商，都要从销售中获得理想的效益，赔本交易谁也不会干的。而质量第一流的春兰没有忘记给经销商更多的实惠。公司给代理商大幅度让利，有时甚至高达售价的30%，年末还给予奖励。这一点，许多企业都难以做到。有的产品稍有点“名气”就轮番提价，想把几年的利润在一个早晨就通通挣回来，根本不考虑代理商和经销商的实际利益。再次，是服务。空调买回来如何装？出了毛病找谁？这些问题不解决，要想维系经销商也是很难的。春兰为了免除10万经销商的后顾之忧，专门建立了一支庞大的售后服务中心，近万人的安装、调试、维修队伍。他们实行24小时全天候服务。春兰正是靠这些良好的信誉维系经销商的。

10万经销商也给了春兰优厚的回报；他们使春兰空调在国内市场上的占有率达到了40%，在同行各企业中遥遥领先。

**思考：**

1. 春兰公司维系经销商的成功经验给我们哪些启示？
2. 企业怎样正确处理经销商拖欠货款与维持拓展渠道网络的关系？

# 第九章　促销策略

**【知识目标】**

1. 理解促销的概念和作用及促销组合；
2. 理解人员推销的概念，了解公关关系和销售促进的概念；
3. 掌握人员推销的步骤。

**【能力目标】**

1. 学会推销的技巧；
2. 能够结合案例分析，制订企业的促销方案；
3. 通过课堂小互动，增强沟通和创新能力。

**【导入案例】**

**2015年"双11"美容院促销活动方案**

活动主题：××美容院与你共度"双11"光棍节

活动时间：20××年11月8～11日

活动内容：

1. 美容院内的会员在活动期间参与本次活动，凭会员卡能够优惠折扣和领取护肤的体验券；如果会员积分卡内的积分达到500分，凭借会员卡能够免费在店内体验一次保湿补水的项目。

2. 非会员的顾客，在活动期间进店消费达到288元者，可以直接享受8.8折的优惠，并且赠送美容院提供的护肤小样试用装一份。

活动促销方式：以全店打折为基础结合多种促销形式进行。

1. 打折：全场5折。

2. 买赠：目前只针对0055＃单品(赠品待定)。

3. 优惠券：无门槛无限制使用：10元；有门槛限制使用：20元、50元。

(注：优惠券在活动前发放，活动当天只限领10元面额优惠券，其使用日期为11月15日前。)

4. 套餐优惠搭配（方案）。

5. 秒杀。

**思考：**

1. 美容院使用了哪些促销方式？

2. 如果你是活动的策划者，你会怎么做？

# 第一节　促销概述

## 一、促销的概念及作用

（一）促销的概念

促销又叫促进销售，是指企业运用各种方式方法，向目标客户传递产品或服务的性能特征等信息，帮助消费者了解产品，以便激发购买欲望，促进其购买的活动过程。在促销的概念中，核心就是信息的传递沟通，促进消费者购买的活动。

（二）促销的作用

在现代市场营销活动中，促销甚至比早期的产品推销起着更为重要的作用。产品推销的作用仅限于产品所有权的转移，现代促销的作用则更广泛，通过促销活动，不仅能促使消费者购买，而且能刺激更大规模的潜在消费群体的形成。由于个性化趋势的不断加强、潜在客户的形成，促销策略显得格外重要。一般来说，促销具有以下方面的作用：

（1）传递信息引导消费。如果一个企业生产了很好的产品，但消费者不熟悉、不了解，买卖双方缺乏沟通，那这个产品就会滞销。企业可以通过传递信息，为消费者提供产品的基本信息，使消费者了解产品是哪里生产的、产品的主要功能是什么、产品的外观如何、产品如何使用，等等，这种沟通不仅能引发消费者的购买欲望，而且能培养潜在的消费需求，便于顾客下次选购，也为以后的新产品打开销路创造条件。

（2）塑造形象，巩固市场地位。促销活动可以树立良好的企业形象，尤其是通过对名、优、特产品的宣传，更能促使顾客对产品及企业产生好感，从而培养和提高品牌忠诚度，巩固和扩大市场占有率。

（3）突出特点，刺激需求。在现代市场营销中，产品同质化越来越严重，比如水果行业，你卖苹果，我也卖苹果，你用什么包装，我也用同样的包装，甚至价格都一样，有时产品之间只有细微的区别。企业可以通过促销活动，宣传不同于其他产品的特点，使顾客认识到产品的不同之处，激发他们购买本产品的欲望；促销不仅能刺激需求，而且还能让顾客充分了解产品特性，为他们下次购买打下基础。

（4）反馈信息，更新产品。

## 二、促销组合策略

所谓促销组合，就是有目的、有计划地把广告、人员推销、公共关系和营业推广等促销形式配合起来综合运用，形成一个完整的销售系统。

促销手段主要有人员推销、广告、营业推广、公共关系四种形式，它们各有利弊（见表 8—1）。人员推销可直接接触消费者，便于互相沟通信息，容易激发兴趣，促成即时交易，但费用较大，况且推销人员培训不容易，尤其是优秀推销员难以选拔。广告宣传面广，能多次运用，在树立企业产品的长期形象方面有较好的效果，但因人而异，很难说服消费者进行即时购买，而且广告费用十分昂贵。营业推广吸引力强，激发需求快，但接触面窄，局限较大，如果时间过长或过于频繁，容易引起消费者疑虑和不信任。公共关系是利用公共媒体传播有关信息，其影响面广，较令人信服，但组织工作量大，且企业难以把握机会和控制宣传效果。

**表 8—1　　促销手段的优缺点**

| 促销手段 | 优　点 | 缺　点 |
| --- | --- | --- |
| 广告 | 传播范围广，渗透性强，影响力大，适用范围广 | 单向传播，说服力弱，费用高 |
| 人员推销 | 方法灵活，针对性强，买卖双方交流方便 | 费用较高，影响面小，推销人才缺乏 |
| 营业推广 | 容易促成交易，效果明显 | 时间短，不能频繁使用，影响收益 |
| 公共关系 | 影响力大，作用持久 | 不易控制，见效慢 |

## 第二节　广　告

### 一、广告的概念及作用

（一）广告的概念

广告是以付费为原则，运用一定的艺术形式，通过一定的媒体广泛传递商品、服务信息，以达到增加信任、促进销售的一种经济活动。

广告发展到现代，人们已无法回避它无处不在的影响。在电视、广播里，在报纸上，在街头巷尾，在地铁车站……你无时无处不在接触各种各样的广告。广告正在影响着人们的消费观念，影响着人们的购买行为，甚至影响着我们的学习、工作和生活。

（二）广告的作用

广告以其独特的作用而成为促销的主要手段之一。通常，广告具有以下作用：

（1）介绍产品。广告能使顾客了解有关产品的存在、优点、用途及使用方法等，有助于顾客根据广告信息选择适合自己需要的产品；同时，广告信息的传播，对培养新的需求和新的消费方式有一定作用，对扩大销售量和开发新产品具有重要意义。

（2）促进尝试性购买。顾客使用产品是广告要达到的目的，广告能刺激、鼓励人们做第一次尝试购买。顾客通过尝试性购买和使用产品，才有可能成为企业的忠实顾客。

（3）开拓新市场、发展新顾客。企业要发展壮大，就需要谋求扩大市场，拓展产品销路。对于新的细分市场，由于广告能广泛、经常地接近顾客，因而能起到开路先锋的作用。广告是进行市场渗透的有力武器。

（4）保持或扩大市场占有率。广告可以让消费者经常感觉和认识到某种产品的存在，这是企业保持一定市场占有率的有效手段。

（5）树立或加深企业商标的印象。顾客购买产品时，企业的名称和商标往往是选择的重要依据。因此，企业名称和商标是否赢得顾客的好感和信赖，直接关系着产品的销售。广告是确立理想的企业与商标印象的重要途径。

(6)消除对产品的偏见,改善对产品的评价,确立好感。

(7)支持中间商,改善与中间商的关系。

总之,广告的作用是多方面的,在现代商品市场上,广告已经成为企业在竞争中取胜的必要手段。

## 三、广告媒体

### (一)广告媒体的类型

广告媒体是广告主与广告接收者之间的连接介质,它是广告宣传必不可少的物质条件。广告媒体并非一成不变,而是随着科学技术的发展而发展。目前,广告媒体主要有以下几种:

(1)报纸、期刊等印刷类广告媒体。各种报纸、期刊是最有效、最普遍的传播媒体。报纸广告最大的优越性是读者比较稳定,宣传覆盖率高;传播迅速,反应及时;能对产品进行较详细的说明;制作简单、灵活;费用较低。但也有一定的局限性:其保存性较差;报纸内容庞杂,易分散注意力;画面清晰度较差。

(2)电台、电视、电影等视听传播媒体。电台主要是用语言表达来吸引听众,由于它不受文化水平的限制,传播对象较为广泛。电视、电影广告的优点是宣传作用较大,涉及范围广泛,生动、灵活、形式多样,观众记忆深刻;缺点是费用高,竞争者较多。

(3)邮寄广告媒体。广告主将印刷的广告物,诸如商品样本、目录、说明书、通告函等,直接寄给消费者、中间商或代理人。邮寄广告最大的优点是广告对象明确,选择性好、传递较快;缺点是传播面小。

(4)户外广告媒体。户外广告通常有招贴、广告牌、交通广告及霓虹灯广告等。户外广告经常作为辅助性推广媒体。

(5)网络广告媒体。网络已经发展了多年,就广告来讲,它是一种重要的媒体形式,尤其受年轻人喜欢。

### (二)选择广告媒体的影响因素

(1)商品的特性及信息传递的目标。对于需要表现外观和质感的商品,如服装、化妆品等,应选用电视、杂志、互联网等具有强烈视觉效果的可视媒体,以增加美感和吸引力;对技术性要求较高的商品,通常要求选用专业性杂志或目录邮寄方式;如果仅仅是一条促销活动的告知性信息的发布,广播或报纸可能是广告效益较高的媒体选择;对于只需听觉就能了解的商品和信息,则适宜选用广播作为广告媒介。

(2)目标消费者的媒体习惯。有针对性地选择广告媒体,使用目标消费者易于接受并随手可得的媒体,是增强广告效果的有效措施,也是实现广告效益最大化的必要手段。如果广告信息传播的对象是城市里的高收入家庭主妇,毫无疑问,《都市妇女》之类针对性强的杂志是最佳的媒体选择,而专业性、学术性的杂志就不适宜选为该广告的媒体范围。

(3)媒体的影响力。企业所选媒体的影响力应尽可能到达企业拟定目标市场的每一个角落,而且所选媒体的信誉度越高,社会公众形象及口碑越好,其所发送信息的可信度就越强。报纸、杂志的发行量,广播、电视的听众、观众数量,媒体的频道和声誉,以及各种媒体的覆盖范围和相对固定的顾客群等,是媒体影响力的标志。

(4)媒体成本。从一次性的广告投入总额看,电视是最贵的媒体,相比之下报纸比较便宜。但衡量某一媒体成本高低的指标,往往是指成本与目标对象的人数之间的比例,而不是成本的绝对数字,因此,若按每千人成本计算,电视广告又可能是最合算的媒体。企业应谨慎考虑广告效果与成本的关系，尽量实现广告投入销售效益的最大化。

(5)竞争状况。假如企业基本能够垄断某一市场，则完全可以根据自身实力较为自如地选择媒体的形式；如果企业竞争对手少，并且不能构成大的威胁，则企业只需在交叉的媒体上予以重视；倘若企业被竞争对手重重包围，那么，在财力允许的情况下企业可以使用更大的广告投入，通过类似地毯式的广告轰炸来进行正面交锋，以压倒众多存在或潜在的竞争对手；当然，如果财力无法支撑庞大、持久的广告投入，则可采取迂回战术。

# 第三节 人员推销

## 一、人员推销的概念及作用

### (一)人员推销的概念

人员推销是指企业通过派出销售人员与可能成为购买者的人进行交谈，说服他们并购买商品，促进和扩大商品销售。从事推销工作的人员通常称为推销员，有时也称销售顾问、客户主管、地区代理、代理商、行销代表和厂家代表等。随着推销活动的发展，现在，多采用推销人员或销售人员来称呼从事此项工作的人。

### (二)人员推销的特点

(1)机动灵活、适应性强。推销人员本身即是信息传递的媒介，他可以根据面临的具体情况随时调整信息传播的方式和内容，适应各种不同的情况。

(2)区别对待、针对性强。推销人员可以根据选定的不同对象，制定不同的推销策略，并配合广告和其他促销手段，从而使推销效果提高。

(3)双向沟通、反馈性好。非人员推销的最大缺点就是意见不能直接反馈，致使决策错误、传递信息不当等不能得到纠正，造成不利后果。人员推销属于信息的双向沟通，意见可以迅速地在双方之间交换，一方面可以使推销人员对顾客的意见进行解释和说服；另一方面也可以及时地将意见反映给有关部门，使其及时做出调整。

## 二、人员推销的方式与步骤

### (一)人员推销的方式

企业在组织推销活动时，必须合理地安排推销人员，使之能在适当的时间，以适当的方式，访问适当的顾客。因此，企业在确定推销人员接触顾客的方式时，应根据具体情况而定，一般有以下几种方式可供选择：

(1)一对一的推销。即一个推销员与一个顾客进行面对面、单对单的洽谈。

(2)一组对一组的推销。即由推销小组(如由企业主管人员、技术人员、销售人员构成的小组)向一组顾客介绍产品。

(3)一个对一组的推销。即由一个推销人员向一组顾客介绍产品。

(4)推销会议。即通过召集会议方式向顾客进行推销。

(5)推销讲座。即由企业专门组织的有关新产品、新技术的讲座，向众多顾客作介绍，增强他们购买的信心。

（二）人员推销的步骤

1. 详细阐明推销内容以及谁最有可能购买

市场营销理论认为，我们要阐明的推销内容不仅仅只描述产品的物理性质，也不仅仅列出产品或服务的特点，即在市场上的竞争优势；它甚至不仅仅只指顾客购买了产品或服务之后所享受的利益，还必须解释产品或服务概念、思路、系统以及系统内各要素间的关系。

在对推销的内容是什么以及它如何适应市场有了一个明确的概念后，必须确定谁将购买，谁将是最有可能的潜在买主。依照推销内容不同，根据人口统计数据和个人方面的信息，描述出自己心目中的理想顾客。他们是谁？从你手中购买的频率是多少？是什么促成你对他们的推销？他们的消费能力有多大？什么使他们成为你最好的顾客？对这些问题描绘得越具体、越细致，找出的答案越精确，对寻找未来的潜在顾客越有利。

2. 确定新顾客数量以及何时需要他们，推断出自己需要多少新客户

这可以按以下问题和程序进行：

（1）从现在起，以后相当一段时间内你想赚多少钱？

（2）想赚那么多钱，你必须推销多少产品或服务？

（3）你有能力联系那么多数量的顾客吗？假如不能，能联系多少？

（4）这个数量中有多少能够通过正常的业务渠道达到？从预期数量中减去这个数字，剩余的客户数量是为了获得预期收入所必须创造新顾客的数目，这个数目必须由你独自去寻找。

（5）基于当前的正常情况，要获得这么多新的生意你必须访问多少目标顾客？这是你必须寻找到并且与之联系的新的目标顾客的数目。

（6）你自己在限定的时间内能达到这个目标吗？会不会超过这个限定的时间段？这一步是要你制订好时间目标。

3. 为确定新的目标顾客进行资料调查、收集、分析

推销员必须花时间去寻找和积累一些材料，如目标顾客何时具有购买意向，顾客何时对产品和服务感兴趣等，有利于你确定新的目标顾客名单的资料，从而把你所需的、新的目标顾客从实际生活中找出来，这对实现你的实际销售是关键的一步。

4. 从潜在顾客中筛选出目标顾客

从许多可能的目标顾客中发现一个就可以确定他肯定会购买你的产品或服务，这纯属运气。实际上，调查寻找出的尽管都是一些最有可能购买的潜在客户，但是并不能保证他们肯定会购买。所以，对大多数新的目标顾客必须加以确定。

确定了潜在顾客名单的一定规模后必须考虑自身的竞争情况，寻找那些不使用或不喜欢本企业产品的顾客，将他们从名单中剔除，也就是从名单上选择出最适合的目标顾客并且对他们进行推销。

5. 访问目标顾客并向他们提供购买机会

这一步既是推销的中心内容也是难点，它包括访问、提示、协调、处理反对意见、建立良好关系、成交等具体步骤。每一步又有自己的特点、操作程序及推销技巧。总之，这一步是推销员在确定目标顾客后，按照访问目标对顾客进行走访，从中了解顾客的行为反应，适当的时候帮助顾客解决消费中的疑难问题，提供满足需要的购买机会的过程。

6. 售后工作

这是保证顾客满意的重要方面，让顾客继续订货，建立长期业务关系的必不可少的一步。推销员应该确保交货时间，保证产品质量，准备回访，及时提供指导与服务，等等。

## 三、人员推销的管理

(一)推销人员的要求

(1)道德品质方面,要求推销人员遵纪守法,遵守商业道德,有良好的敬业精神。

(2)文化知识方面,要求推销人员了解市场营销学等方面的知识,特别是对于经济学、心理学更是至关重要。

(3)业务技能方面,要求推销人员熟悉本企业及产品的有关情况,熟练掌握所推销产品的有关技术指标和实际的安装操作及使用方法,并对市场上的同类竞争产品的情况了如指掌。

(4)待人接物方面,推销人员要衣着干净整齐,谈吐谦恭礼貌,有良好的风度,并能掌握有关推销洽谈和接待顾客的技巧和艺术。

(5)身体素质方面,推销人员要求有良好的体质和健康的身体,能够适应各种恶劣的推销环境。

(二)推销人员报酬的确定

推销人员的工作具有很大独立性、流动性和自主性,他们同其他部门工作人员的工作有很大差别,因而其报酬制度也要有别于其他部门。一般来说,推销人员的报酬采用以下几种形式:

(1)固定工资制。即无论推销人员的业绩如何,都按照固定的工资标准支付报酬。这种报酬形式使业绩与所得脱节,不易调动和发挥推销人员的积极性,目前企业采用较少。

(2)分成制。就是从销售额中提取一定比例作为推销人员的报酬。分成制能把推销人员的业务成绩和收入紧密结合起来,鼓励推销人员努力工作,不断提高销售量。采取这种方法时,可将销售人员在推销过程的各种费用均计入分成部分内,也可实行费用包干,然后按净收入分成等。

(3)混合制。多数企业为兼顾企业、个人利益,常采用基本工资加分成的报酬制度。

在实际中,企业应注意对分成标准、比例的合理确定,然后根据推销人员的具体情况选择合适的报酬方式。

(三)对推销人员的考核

推销人员的工作流动性、变化性较大,对其工作的考核也较复杂。对推销人员的绩效考核通常采用多种方式、多个指标的综合考核。考核推销人员的基本方式有工作报告制度和成绩比较制度两种。工作报告制度即通过定期、文字性工作报告,管理部门能了解推销人员业务进展状况、访问次数、拜访新客户的数量、推销额等,同时从中也可了解市场信息、顾客特点、竞争状况等,为考核推销人员、评估推销业绩等提供一些客观依据。成绩比较制度则将推销人员的业绩进行相互比较,根据每个人的定额、以往业绩、所负责地区等对推销人员的绩效加以评价,具体的评价指标可参考如下:

(1)推销定额完成率=实际销售额/推销定额×100%

(2)访问次数完成率=实际访问次数/计划访问次数×100%

(3)新顾客销售率=新顾客销售额/总销售额×100%

(4)新顾客访问率=对新客户访问时间/总访问时间×100%

此外,企业还可通过用户反映等途径来考核推销人员,将各种指标加以综合,对推销人员的绩效做出较为客观、公正的评价。

## 第四节　营业推广

### 一、营业推广的概念及作用

（一）营业推广的概念

营业推广是在一个比较大的目标市场中，为了刺激需求而采取的能够迅速产生激励作用的促销措施。当然，营业推广的最终目的还是为了实现企业的营销目标。营业推广实际上是企业让利于购买者，它可以使广告宣传的效果得到有力的增强，使消费者减弱对其他企业产品的品牌忠诚度，从而达到本企业产品销售的目的。

同其他促销方式不同，营业推广多用于一定时期、一定任务的短期特别促销，它具有两个相互矛盾的特点。

1. 促销强烈

营业推广的许多方式，对消费者和中间商具有相当大的吸引力，特别是对那些想买便宜货的消费者，具有特殊的吸引作用。因为它给消费者提供了一个特殊的购买机会，使其有一种机不可失的紧迫感，促使其当机立断，马上购买。因此，营业推广能够很快收到成效。

2. 贬低商品

由于营业推广的许多做法显示出卖者急于出售的意图，因此，有时会降低商品的身价。如果频繁使用或使用不当，会使顾客怀疑商品的质量有问题，或价格定得不合理等。

3. 非正规性和非经常性

营业推广是促销组合中其他促销方式的补充措施，任何企业都不能仅靠营业推广生存，它只具有暂时而特殊的促销作用。营业推广在近些年得到了迅速发展，特别是在消费者市场，营业推广的发展尤为迅猛。这既有企业内部因素的影响，也有外部环境因素的作用。其一，从企业内部来看，在提高现有销售的压力下，营业推广作为一种有效的销售工具已经为高层管理者所接受；其二，从外部环境来说，竞争性品牌不断增多，竞争者经常使用各种促销手段，企业的广告效益随成本上升、媒体干扰和法律约束而下降，消费者和经销商要求厂商提供更多优惠；其三，消费者更关注价值，规模日益扩大的零售商要求更多地得到来自制造商的优惠。需要注意的是，企业在开展营业推广时，不能仅仅创造短期销售额或暂时的品牌转换，而是应有助于强化产品定位和建立长期顾客关系。

（二）营业推广的作用

营业推广作为促销的主要方式之一，它有不同于其他促销方式的作用：

（1）刺激购买行为，在短期内达成交易。当消费者对市场上的产品没有足够的了解并做出积极反应时，通过营业推广的促销措施，如赠送或发优惠券等，能够引起消费者的兴趣，刺激他们的购买行为，在短期内促成交易。

（2）向顾客提供特殊的优惠条件，可有效地抵御和击败竞争者。当竞争者大规模地发起促销活动时，营业推广是在市场竞争中抵御和反击竞争者的有效利器。例如减价、试用，此举能增强企业经营的同类产品对顾客的吸引力，从而稳定和扩大自己的消费群，抵御竞争者的介入。

（3）与中间商保持良好的业务关系。制造商常常通过营业推广的一些形式，如折扣、馈赠等鼓励中间商更多地购买，同厂商保持稳定的业务关系，从而有利于双方的中长期合作。

(4)营业推广可以吸引和鼓励推销员努力推销本企业的产品，创造推销佳绩。

(三)营业推广的方式

1. 针对消费者的营业推广常见的几种形式

(1)赠送或试用。通过向消费者赠送小包装的新产品或附赠其他便宜的商品，来介绍产品的性能、特点、功效或企业的有关信息，既可以使顾客得到实惠，又可以刺激顾客的购买行为。赠送的渠道可以灵活多样，主要有：在特定的时间或地点向目标市场的顾客无条件赠送；随货赠送；批量购买赠送；随货中奖赠送；等等。

**案例**

以石英技术闻名于世的“西铁城”手表早先并不畅销。为摆脱滞销局面，生产厂家在报纸上发出一条消息，说有一架飞机将于某时在某地抛下若干手表，谁捡到归谁。人们纷纷聚于某地等候，发现从百米高空抛下的“西铁城”手表走时正常，无一只摔坏，便惊叹不已，奔走相告，各媒体也争相报道。“西铁城”手表也因此名声大振，销路大畅。

(2)发放优惠券产品。推销者事先通过多种方式将优惠券发放到消费者手中，持有此优惠券的消费者在购买本企业的商品时，可以得到一定的价格折扣。其实这种方式的本质是减价，但比减价要灵活。减价给人以处理、产品滞销的感觉，而且减价后就难以再提价；而发放优惠券，得到优惠券的人有一种优越感，因为不是人人都可以得到优惠券的；而且只要不发优惠券，价格就可以又提上来。

(3)赠券或印花。当消费者购买某一商品时，企业给予一定张数的交易赠券或印花，购买者将赠券或印花积累到一定数额时，可到指定地点换取赠品。该方式特别适合于购买频率较高的商品。

(4)有奖销售。有奖销售形式多样，如发放奖券、赠送奖品等。现为很多企业所采用。但企业应本着诚信、透明的原则进行，不能欺骗消费者。

(5)折扣或减价。即明码折扣与减价。

(6)提供信用。常见的操作方式是发生在消费信贷的销售活动中，一般采取赊销、分期付款等形式。

(7)商品展销。通过展销会的形式，使消费者了解商品，增加销售的机会。常用的展销形式有：为适应消费者季节性购买的特点而举办的“季节性商品展销”；以名优产品为龙头的“名优产品展销”；为新产品打开销路的“新产品展销”；等等。

(8)现场演示。“耳听为虚，眼见为实”，在销售现场为顾客演示产品的使用细节，使顾客亲身感受到产品的效果细节，甚至让顾客亲自操作、使用，促其购买。

(9)俱乐部制或“金卡”制。俱乐部制是指顾客缴纳一定数量的会费给组织者后，即可享受到多种价格服务优惠的促销方式；“金卡”制是指顾客缴纳一定数量的现金，即可取得有期限的“金卡”，从而可享受价格折扣的促销方式。

2. 针对中间商的营业推广

制造商策划与掀起的促销活动，如果没有中间商的响应、参与和支持，是难以取得促销效果的。劝诱中间商更多地订货的最有效办法通常是给予价格折扣，主要是数量折扣；或者当中间商订货达到一定数量之后，就免费赠送他们一部分产品；为中间商培训推销人员、维修服务人员，使中间商能更好地向顾客示范介绍产品、提高产品售后服务质量，对于有效地促进中间商的营销工作，吸引顾客购买生产企业的产品具有积极作用。

针对以上的推广目标，有以下几种常见的营业推广方式：

(1)购买折让。这是最有代表性的一类方法。具体形式有批量折扣、季节折扣、现金折扣等，以鼓励经销商多购、付现金和非季节性进货。

(2)推广津贴。为经销商提供商品陈列设计资料，付给经销商陈列津贴、广告津贴、经销新产品津贴，以鼓励经销商开展促销活动和积极经销本企业的产品及新产品。

(3)经销竞赛。即组织所有的经销本企业产品的中间商进行销售竞赛，对销售业绩较好的中间商将给予某种形式的奖励。

(4)代销。这是指中间商受生产厂家的委托，代其销售商品，中间商不必付款买下商品，而是根据销售额来收取佣金，商品如销不出去，则将其返还生产厂家。代销可以解决中间商资金不足的困难，还可以避免销不出去的风险，因此很受中间商的欢迎。

3. 针对推销人员的营业推广

企业可以通过推销竞赛、推销红利、推销回扣等方式来奖励推销人员，鼓励他们把企业的各种产品推荐给消费者，并积极地开拓潜在市场。以下是几种常见的方法：

(1)红利提成或超额提成。具体做法：从企业的销售利润中提取一定比例的金额作为奖励发给推销员；推销员按销售利润的多少提取一定比例的金额，销售利润越大，提取的百分率越大。

(2)开展推销竞赛。推销竞赛的内容包括推销数额、推销费用、市场渗透、推销服务等。规定奖励的级别、比例与奖金(品)的数额，用以鼓励推销人员。对成绩优异、贡献突出者，给予现金、旅游、奖品、休假、提级晋升、精神奖励等。

(3)特别推销金。企业给予推销人员一定的现金、礼品或本企业产品，以鼓励其努力工作。

## 第五节　公共关系

### 一、公共关系的概念

公共关系是20世纪70年代以来逐渐发展起来的一种重要促销手段。目前，许多大公司和企业设有公共关系部，专门负责公共关系事务，显示了公共关系活动的重要性。公共关系学的构思最初在美国形成，并在美国取得突破性进展。在美国，企业总经理工作时间的分配中，用于指导或参与公共关系工作的时间占工作总时间的20%－50%。在我国，公共关系学首先在商品经济较早发展的广州、深圳等地应运而生。先是在外资企业、合资企业中开展，接着国有企业也开展了公共关系工作。广州白云山制药厂首开在国有企业中设置公共关系部的先例。

公共关系是企业利用传播的手段，促进企业与公众之间的相互了解，达到相互协调，使公众与企业建立良好关系，树立企业良好形象，求得社会公众对企业的理解和支持，提高产品和企业声望的一系列活动的总称。企业的公共关系是以相互满意的双向传播为基础的，是以内求团结、外求协调良好的企业声誉和具有责任感的行为来影响舆论的一种有计划的活动。

## 二、公共关系的具体内容

公共关系包含了以下具体内容：

(一)企业公共关系是指企业与其相关的社会公众的相互关系

这些社会公众主要包括供应商、中间商、消费者、竞争者、信贷机构、保险机构、政府部门、新闻传媒等。企业不是孤立的经济组织，而是相互联系的社会大家庭中的一分子，每时每刻都在与其相关的社会公众发生着经济联系和社会联系。所谓企业公关，就是指要同这些社会公众建立良好的社会联系。“银客户，金邻居”就是这个道理。

(二)企业形象是企业公共关系的核心

企业公共关系的一切措施，都是围绕着建立良好的企业形象来进行的，企业形象一般是指社会公众对企业的综合评价，表明企业在社会公众心目中的印象和价值。在激烈的市场竞争中，一旦企业建立了良好的形象，就拥有不凡的商誉，供应商愿意提供货源甚至赊欠货款也可提供，中间商和消费者愿意购买产品，信贷机构和投资者愿意提供资金，企业也容易寻求合作伙伴开拓市场，从而使企业在竞争中占据有利地位；反之，一旦企业在公众中造成不良形象，则会逐步被市场所淘汰。

(三)企业公共关系的最终目的，是促进商品销售，提高市场占有率

表面上看，企业公共关系仅是为了建立良好的形象，与其他促销方式相比，企业公共关系活动的促销性似乎不存在。但从本质看，企业作为社会经济生活基本的经济组织形式，营利性是它的基本特性。公共关系的最终目的，无疑仍然是促进商品的销售。正因为如此，公共关系成为促销的一种重要方式，只不过它是一种特殊促销方式。通过企业公共关系达成促销的目的，首先经历了一个树立企业形象的环节。企业只有首先推销了自身，才能促进自身产品的销售。

## 三、公共关系的特点

公共关系作为一种独特的促销方式，有其独有的特点。

(一)从公关目标考察，公共关系注重长期效应

公共关系要达到的目标是树立企业良好的社会形象，创造良好的社会关系环境。实现这一目标并不强调即刻见效，而是注重长期效应。企业通过各种公关策略的运用，能树立良好的产品形象和厂店形象，从而能长时间地促进销售，占领市场。

(二)从公关对象看，公共关系注重双向沟通

公共关系的工作对象是各种社会关系，包括企业内部和外部公众两大方面；它是全方位、立体化的关系网络，强调企业与公众之间的真情传播与沟通。在企业内部和外部的各种关系中，如果有一种关系处理不当，就可能带来许多责难和纠葛；如果处理得当，企业定会左右逢源，获得良好的发展环境。

(三)从公关手段看，公共关系注重间接促销

公共关系的手段是有效的信息传播，而这种信息传播并不是直接介绍和推销商品，而是通过积极参与各种社会活动，宣传企业营销宗旨，联络感情，扩大知名度，从而加深社会各界对企业的了解和信任，最终达到促进销售的目的。

# 课后习题

## 一、选择题

1. 以下关于促销与营销的关系说法正确的是(　　)。

A. 促销就是营销　B. 促销是营销策略中的一个部分

C. 促销是营销的发展　D. 营销的重点是促销

2. 促销的主要任务是(　　)。

A. 宣传与说服　B. 引起消费者的注意与兴趣

C. 传递与组织有关的信息　D. 促进消费者购买

3. 以下关于推式策略和拉式策略的说法正确的是(　　)。

A. 拉式策略是指企业以促销组合中的人员销售的方式进行促销活动

B. 推式策略是指企业以促销组合中的非人员销售的方式进行促销活动

C. 两者信息流动的方向不同

D. 两者信息流动的方向大致相同

4. 人员推销最重要的任务是(　　)。

A. 销售产品　B. 传递信息　C. 提供服务　D. 寻找客户

5. 人员推销的组织结构中,(　　)适宜于产品或目标市场类似的企业采用。

A. 产品结构式　B. 顾客结构式　C. 综合结构式　D. 区域结构式

## 二、简答题

1. 人员推销有什么特点?

2. 杂志媒体的优点和缺点是什么?

# 第十章　网络营销

## 【知识目标】

1. 对网络营销有一定深度的了解和认识；

2. 能在实践中设计网络营销方案和利用网络开展营销工作。

## 【能力目标】

1. 了解网络营销的概念和特点；

2. 通过网络消费者调查，在掌握网络消费者购买行为的基础上理解和掌握网络营销的组合策略。

## 【导入案例】

### 戴尔公司的网络营销

谁是最赚钱的电子商务网站，答案无疑是戴尔网(www.dell.com)。戴尔将网络融入基本业务之中，通过网络把顾客和公司的距离拉近。

戴尔计算机公司是由年仅19岁的迈克·戴尔在1984年创立的，当时注册资金为1 000美元。目前，戴尔公司已成为全球领先的计算机系统直销商，跻身业内主要制造商之列。在2000年1月28日以前的四个会计季度中，戴尔公司的收益达到270亿美元，成为位居全球第二、增长速度最快的计算机公司。戴尔公司在全球有35 800名雇员，其在34个国家(地区)设有销售办事处，其产品和服务遍及170多个国家(地区)。戴尔公司总部位于得克萨斯州，它在以下地方设立地区总部：中国香港，负责亚太地区；日本川崎，负责日本市场业务；英国布莱克内尔，负责欧洲、中东和非洲的业务。另外，戴尔还在我国厦门设有生产全线计算机系统的企业。

当戴尔接触网络时，网络交易还仅限于订购T恤。但他立刻想到，既然可以在网络上订购T恤，那就表示什么都可以订购，电脑也不例外。最棒的一点是，网络交易要先有电脑才办得到！也就是说一笔交易可以带来两个以上的商业机会。凭着对新技术的敏锐，戴尔率先搭上了最新互联网班车。

“我们就应该扩大网站的功能，做到在线销售，”戴尔在出席董事会时，坚定地表示，“网络可以进行低成本、一对一而且高品质的顾客互动,在线销售最终会彻底改变戴尔公司做生意的基本方式。"1996 年 8 月,戴尔公司的在线销售开通;6 个月后,网上销售每天达 100 万美元;1997 年高峰期,这个数目已突破 600 万美元。互联网商务给戴尔的直销模式带来了新的动力,并把这一商业模式推向海外。在头 6 个月的时间里,戴尔电脑的在线国际销售额从零增加到了占总体销售额的 17%。到 2000 年,公司收入已经有 40%—50%来自网上销售。

目前,戴尔公司利用互联网推广其直销订购模式,再次处于业内领先地位。戴尔 PowerEdge 服务器运作的 www.dell.com 网址包括 80 个国家(地区)的站点,目前每季度有超过 4 000万人浏览。客户可以评估多种配置,即时获取报价,得到技术支持,订购一个或多个系统。

## 第一节 网络营销概述

网络营销是伴随着互联网进入商业应用而逐渐诞生的,尤其是随着万维网(WWW)、电子邮件、搜索引擎等广泛应用之后,网络营销的价值也变得越来越明显。电子邮件虽然早在 1971 年就已经诞生,但在互联网应用及普及之前,它并没有被应用于营销领域;到了 1993 年,才出现基于互联网的搜索引擎,1994 年 10 月网络广告诞生,1995 年 7 月全球最大的网上商店亚马逊成立。1994 年被认为是网络营销发展的重要一年,因为在网络广告诞生的同时,基于互联网的知名搜索引擎如 Yahoo!、Webcrawler、Infoseek、Lycos 等也相继在 1994 年诞生;另外,由于曾经发生了"第一起利用互联网赚钱"的"律师事件",促使人们开始对 E-mail 营销进行深入思考,也直接促成了网络营销概念的形成。从这种事实来看,可以认为网络营销诞生于 1994 年。

网络营销是以互联网为主要手段的一种新型营销手段,尽管历史较短,但已经在企业经营策略中发挥着越来越重要的作用,网络营销的价值也越来越多地为实践所证实。

### 一、网络营销内涵

迄今为止,学术界对网络营销还没有一个统一的定义。在国外使用的词有 Cyber Marketing、Internet Marketing、e-Marketing、Network Marketing、Online Marketing,等等。这些不同的概念没有本质的区别,只不过是从不同的角度反映网络营销的特点,而网络营销的概念和内涵还在不断发展之中。其中:Cyber Marketing 主要是指在计算机上构成的虚拟空间中进行营销;Internet Marketing 是指在 Internet 上开展营销活动;Network Marketing 是指包括 Internet 在内的可在计算机网络上开展的营销活动,这些网络可以是专用网或增值网;而 e-Marketing是目前比较习惯并经常采用的表述方法,e-具有电子化、信息化、网络化的含义,既简洁又直观明了,而且与电子商务(e-Business)、电子虚拟市场(e-Market)等进行对应,所以 e-Marketing是指在电子化、信息化、网络化环境下开展的营销活动。

综合起来,可以将网络营销更全面地定义为:网络营销是指企业以现代营销理论为基础,利用互联网技术和功能,最大限度地满足客户需求以达到开拓市场、增加盈利目标的经营过程。网络营销是企业整体营销战略的一个组成部分,它作为企业经营管理手段,是企业电子商务活动中最基本和最重要的网上商业活动。

准确理解网络营销的含义,应注意以下几点:

第一，网络营销不是网上销售。网上销售是网络营销发展到一定阶段的产物，而网络营销是为实现网上销售目的而进行的一项基本活动，但网络营销本身并不等于网上销售。这可以从两个方面来说明：一是网络营销的效果表现在多个方面，如提升企业品牌价值、加强与客户之间的沟通、作为一种对外发布信息的工具等，网络营销活动并不一定能实现网上直接销售的目的，但是很可能有利于增加总的销售额；二是网上销售的推广手段也不仅仅是网络销售，它往往还要采取许多传统的方式，如传统媒体广告、发布新闻、印刷宣传册等。

第二，网络营销不仅限于网上。这样说也许有些令人费解，不在网上怎么叫网络营销？这是因为互联网本身还是一个新生事物。在我国，上网人数占总人口的比例还不大，即使对于已经上网的人来说，由于受种种因素的限制，在互联网上通过一些常规的检索办法，不一定能顺利找到所需信息；何况，对于许多初级用户来说，可能根本不知道如何去查询信息。因此，一个完整的网络营销方案，除了在网上做推广之外，还很有必要利用传统的营销方法进行网下推广。

第三，网络营销不应该被称为虚拟营销。“在互联网上，没有人知道你是一条狗”。这是一句广泛流传的话，它最早出现在1993年美国著名杂志《纽约人》的一幅漫画里，以此来说明互联网的虚拟性。一些文章中喜欢用“虚拟营销”来描述网络营销，其实这是不合适的。因为所有的网络营销手段都是实实在在的，而且比传统营销方法更容易跟踪了解消费者的行为。比如，借助于网站访问统计软件，可以确切地知道网站的访问者来自什么地方，在多长的时间内浏览哪些网页，等等。

第四，网络营销不是孤立存在的。网络营销建立在传统营销理论基础之上，其是企业整体营销战略的一个组成部分，网络营销活动不可能脱离一般营销环境而独立存在，网络营销理论是传统营销理论在互联网环境中的应用和发展。

## 二、网络营销特征

市场营销中最重要也最本质的地方是组织和个人之间进行的信息传播和交换，如果没有信息交换，交易也就是无本之源。正因为如此，互联网具有营销所要求的某些特性，从而使得网络营销呈现以下一些特点：

(1)跨时空。营销的最终目的是占有市场份额。互联网具有的可以超越时间约束和空间限制来进行信息交换的特点，使得脱离时空限制达成交易成为可能，企业能有更多的时间和更多的空间进行营销，可每周7天、每天24小时、随时随地提供全球的营销服务。

(2)多媒体。互联网络被设计成可以传输多种媒体信息的载体，如文字、声音、图像等信息，使得为达成交易而进行的信息交换能以多种形式进行，可以充分发挥营销人员的创造性和能动性。

(3)交互式。互联网络可以展示商品目录、联结资料库、提供有关商品信息的查询，可以和顾客做互动沟通，可以收集市场情报，可以进行产品测试与消费者满意调查等，是产品、设计、商品信息提供以及服务的最佳工具。

(4)拟人化。互联网络上的促销不仅是一对一的、理性的、消费者主导的、非强迫性的、循序渐进式的促销，而且是一种低成本与人性化的促销，避免推销员强势推销的干扰，并通过信息提供与交互式交谈，与消费者建立长期良好的关系。

(5)成长性。互联网络使用数量快速成长并遍及全球，使用者多半是年轻人，他们大多属于中产阶级，具有高教育水平。由于这部分群体购买力强，而且具有很强的市场影响力，因此这是一个极具开发潜力的市场。

(6)整合性。互联网络上的营销可由商品信息至收款、售后服务一气呵成,因此它也是一种全程的营销渠道。另外,企业可以借助互联网络将不同的营销活动进行统一规划和协调实施,以统一的传播资讯向消费者传达信息,避免由于不同的传播渠道中的不一致性产生的消极影响。

(7)超前性。互联网络是一种功能强大的营销工具,它同时兼渠道、促销、电子交易、互动顾客服务以及市场信息分析与提供等多种功能。它所具备的一对一营销能力,恰好符合定制营销与直复营销的未来趋势。

(8)高效性。电脑可存储大量的信息供消费者查询,可传送的信息数量与精确度远远超过其他媒体,而且它能顺应市场需要,及时更新产品或调整价格,因此能及时有效地了解并满足顾客的需求。

(9)经济性。通过互联网络进行信息交换以代替以前的实物交换,一方面可以减少印刷与邮递的成本、进行无店销售、免交租金、节约水电与人工成本,另一方面可以减少由迂回多次交换带来的损耗。

(10)技术性。网络营销是建立在以高技术作为支撑的互联网络基础上的,企业实施网络营销必须有一定的技术投入和技术支持,改变传统的组织形态,提升信息管理部分的功能,引进懂营销与电脑技术的复合型人才,只有这样,才能在未来具备市场竞争优势。

## 第二节 网络营销内容与层次

### 一、网络营销内容

网络营销作为实现企业营销目标新的营销方式和营销手段,它的内容非常丰富。一方面,网络营销要针对新兴的网上虚拟市场,及时了解和把握网上虚拟市场的消费者特征和消费者行为模式的变化,为企业在网上虚拟市场进行营销活动提供可靠的数据分析和营销依据;另一方面,网络营销通过在网上开展营销活动来实现企业目标,而网络具有传统渠道和媒体所不具备的独特特点,即信息交流自由、开放和平等,而且信息交流费用非常低廉,信息交流渠道既直接又高效,因此在网上开展营销活动,必须改变传统的一些营销手段和方式。网络营销作为在Internet上进行的营销活动,它的基本营销目的和营销工具是一致的,只不过在实施和操作过程中与传统方式有着很大区别。以下是网络营销中一些主要内容。

#### (一)网上市场调查

主要利用Internet交互式的信息沟通渠道来实施调查活动。它包括直接在网上通过问卷进行调查,还可以通过网络收集市场调查中需要的一些二手资料。利用网上调查工具,可以提高调查效率和加强调查效果。Internet作为信息交流渠道,它所具备的信息发布来源广泛、传播迅速等特点,使它成为信息的海洋。因此,在利用Internet进行市场调查时,重点是如何利用有效工具和手段实施调查、收集和整理资料。获取信息不再是难事,关键是如何在信息海洋中获取想要的资料信息并分辨出有用的信息。

#### (二)网上消费者行为分析

Internet用户作为一个特殊群体,它有着与传统市场群体截然不同的特性。因此,要开展有效的网络营销活动必须深入了解网上用户群体的需求特征、购买动机和购买行为模式。

Internet 作为信息沟通工具，正成为许多兴趣、爱好趋同的群体聚集交流的地方，并且形成一个个特征鲜明的网上虚拟社区。因此，了解这些虚拟社区的群体特征和偏好是进行网上消费者行为分析的关键。

（三）网络营销策略制定

不同企业在市场中处于不同地位。在采取网络营销实现企业营销目标时，必须采取与企业相适应的营销策略。因为网络营销虽然是非常有效的营销工具，但企业实施网络营销时是需要进行投入并且有风险的。同时，企业在制定网络营销策略时，还应该考虑产品周期对网络营销策略制定的影响。

（四）网上产品和服务策略

网络作为信息的有效沟通渠道，它可以成为一些无形产品（如软件和远程服务）的载体，改变了传统产品的营销策略——特别是渠道的选择。作为网上产品和服务营销，必须结合网络特点，重新考虑传统产品策略中产品的设计、开发、包装和品牌。

（五）网上价格营销策略

网络作为信息交流和传播工具，从诞生开始起所实行的便是自由、平等和信息免费的策略。因此，在制定网上价格营销策略时，必须考虑 Internet 对企业定价影响和 Internet 本身独特的免费思想。

（六）网上渠道选择与直销

Internet 对企业营销影响最大的是对企业营销渠道的影响。美国戴尔公司借助 Internet 的直接特性所建立的网上直销模式获得了巨大成功，改变了传统渠道中的多层次的选择、管理与控制问题，最大限度地降低了营销渠道中的费用；但企业建设自己的网上直销渠道必须考虑重建与之相适应的经营管理模式的问题。

（七）网上促销与网络广告

Internet 作为一种双向沟通渠道，最大优势是可以实现沟通双方突破时空限制而直接进行交流，且简单、高效、费用低廉。因此，在网上开展促销活动是最有效的沟通渠道，但网上促销活动开展必须遵循网上一些信息交流与沟通规则，特别是遵守一些虚拟社区的礼仪。网络广告作为最重要的促销工具，主要依赖 Internet 的第四媒体的功能，目前网络广告作为新兴的产业得到迅猛发展。网络广告作为在第四类媒体发布的广告，具有传统的报纸杂志、无线广播和电视等传统媒体发布广告无法比拟的优势，即网络广告具有交互性和直接性。

（八）网络营销管理与控制

网络营销作为在 Internet 上开展的营销活动，它必将面临许多传统营销活动没有碰到的新问题，如网上销售的产品质量保证问题、消费者隐私保护问题，以及信息安全与保护问题等。这些问题都是网络营销必须重视和进行有效控制的问题，否则网络营销效果可能适得其反，甚至会产生很大的负面效应。这是由于网络信息传播速度非常快，并且网民对反感问题反应比较强烈而且迅速。

## 二、网络营销层次

根据美国企业应用网络营销状况的研究，网络营销可以划分为以下五个层次。

（一）企业上网宣传

这是网络营销最基本的应用方式。它是在把互联网作为一种新的信息传播媒体的认识基础上开展的营销活动，建立企业网站是企业上网宣传的前提。互联网让企业拥有一个属于自己而又面向广大上网者受众的媒体，而且这一媒体的形成是高效率、低成本的，这是其超越传统媒体的一个特点；企业网站信息由企业定制，没有传统媒体的时间、版面等限制，也可伴随企业的进步发展不断实时更新；企业网站可应用虚拟现实等多媒体手段吸引受众并与访问者双向交流，及时有效地传递并获取有关信息。这些都是吸引企业上网宣传、使其由内部或区域宣传转向外部和国际信息交流的重要因素。媒体宣传的关键在于是否被受众注意并留下印象。与传统媒体相比，互联网上浩如烟海的信息很可能使企业网站成为浪花一朵，并且各式各样的网站还在争分夺秒地创建，因此企业网站如何让人知晓并让上网者留步就成为上网宣传的难题。尽管企业可以通过在 ISP 或网址搜索工具中留下链接网址以帮助上网者进入，或者以新颖的媒体形式引人注意，但要真正获得长期宣传效果，仍必须回到现实经济世界；在现实世界形成特色，创立让消费者接受的声誉，这样才可能充分发挥网络的威力，实现借助网络宣传扩大市场影响力的目标。

（二）网上市场调研

调研市场信息，从中发现消费者需求动向，从而为企业细分市场提供依据，是企业开展市场营销的重要内容。网络首先是一个信息场，为企业开展网上市场调研提供了便利场所。软件业对此已经进行了较为充分的利用，如各种软件测试版、共享版在网上发布，供上网者下载使用；通过留言簿、E-mail 等手段收集软件使用信息，从而为确定软件性能、市场对象等提供强有力的依据。这一无形的调研过程是高效而低成本的，同时还能起到扩大网站和企业知名度的作用。企业开展网上市场调研活动一般有两种方式：一是借助 ISP 或专业网络市场研究公司的网站进行调研。这对于那些市场名气不大、网站不太引人注意的企业是一种有效的选择。企业制定调研内容及调研方式，将调研信息放入选定的网站，就可以在委托商的网站上实时获取调研数据及进展信息，而不仅仅获得最终调研报告，这与传统委托市场调研方式截然不同。这些站点上网者众多，扩大了调查面，专业市场研究公司所具备的市场调研能力也将提高调研效果。这种方法的弊端是，由于这些网站内容繁多，企业市场调研对上网者的吸引力可能会降低；同时，上网者如果想与企业交流，必须重新链接进入企业网站，从而增加了操作步骤，这可能是上网者不太愿意的。二是企业在自己的网站进行市场调研。就知名企业而言，其网站的常客多是一些对该企业有兴趣或与企业有一定业务关系的上网者，他们对企业有一定了解（也便于直接在网站上了解），这将有利于访问者提供更准确有效的信息，也为调研过程的及时双向交流提供了便利。总之，网上市场调研作为一种新的市场调查方式已经受到一些国内企业的重视，一些网络服务企业开展了一系列网上调研，但如何在大量信息的包围中吸引上网者参加调研并积极配合，仍需做出更多的探索。

（三）网络分销联系

电子商务尽管在迅猛发展，但相对于传统营销渠道而言，其份额仍然是很小的。企业传统的分销渠道仍然是企业的宝贵资源，但互联网络所具有的高效及时的双向沟通功能的确为加强企业与其分销商的联系提供了有力的平台。企业通过互联网络构筑虚拟专用网络，将分销渠道的内部网融入其中，可以及时了解分销过程中的商品流程和最终销售状况，这将为企业及时调整产品结构、补充脱销商品，以及分析市场特征、实时调整市场策略等提供帮助，从而为企业降低库存、采用实时生产方式创造了条件。而对于商业分销渠道而言，网络分销也开辟了及时获取畅销商品信息、处理滞销商品的巨大空间，从而加速销售周转。从某种意义上看，通过互联网络加强制造企业与分销渠道的紧密联系，已经使分销成为企业活动的自然延伸，是加强双方市场竞争力的一股重要力量。这种联系方式已经成为美国企业生存的必然选择，并迅速向国际化发展。中国的制造企业和商业企业必须抓住这个机会，或许我们在建造大型豪华商厦的同时，更应注意建立加强沟通的网络，否则华美的商厦只能是一件增加营销成本的外衣。利用互联网络构筑商家与供货商的新型实时联系框架，是企业提高市场竞争力的最佳路径。

（四）网上直接销售

数量众多的无形商场已经在互联网络上开张营业，这就是从事网上直接销售的网站，如亚马逊、京东等。互联网络是企业和个人相互面对的乐园，是直接联系分散在广阔空间中数量众多的消费者的最短渠道。它排除了时间的耽搁和限制，取消了地理的距离与障碍，并提供了更大范围的消费选择机会和灵活的选择方式，因此网上直接销售为上网者创造了实现消费需求的新机会。网上直接销售不仅是面向上网者个体的消费方式，也包含企业间的网上直接交易，它是一种高效率、低成本的市场交易方式，代表了一种新的经营模式。国外有人称这类公司为漩涡式公司：一旦某个网站通过提供有用的产品信息吸引到大批买主，卖主们便会蜂拥而上，他们的产品就会以一种快速循环的方式吸引更多的顾客。由于网上直接销售合并了全部中间销售环节，并提供更为详细的商品信息，买主能更快、更容易地比较商品特性及价格，从而在消费选择上居于主动地位，而且与众多销售商的联系更为便利。对于卖方而言，这种模式几乎不需销售成本，而且即时完成交易，这种好处也是显而易见的。美国企业是这一模式的创造者和先锋。网上直接销售模式在美国的发展有其特殊的环境：一是成熟的市场机制及信用服务体系，网上直接销售实现了购买和交易的信息过程，是与其实物流程相分离的。这个信息过程包含着大量反映交易双方信用能力的信息及市场机制下的商业规则信息的认同，而其实物流程则是以产品质量、便捷高效的运输服务体系为保证，因而现实经济体系仍是实现网上直接销售的基础。二是拥有先进的网络基础和众多的网民，同时又有高速的网络及低廉的上网费用作为上网消费的物质保证。三是追求创新的社会文化环境。美国是一个缺少传统的国家，不断创新使其走到世界的前列，也成为其社会文化的一个重要内容，新事物更易于被人们接受和推广，并进而成为创新的动力，这对消费观念和行为有很大的影响。

（五）网络营销集成

互联网络是一种新的市场环境，这一环境不只是对企业的某一环节和过程，还将在企业组织、运作及管理观念上产生重大影响。一些企业已经迅速融入这一环境，依靠网络与原料商、制造商、消费者建立密切联系，并通过网络收集、传递信息，从而根据消费需求，充分利用网络伙伴的生产能力，实现产品设计、制造及销售服务的全过程。这种模式即为网络营销集成。应用这一模式的代表有 Cisco、Dell 等公司。在 Cisco 公司的管理模式中，网络无孔不入，它在客户、潜在购买者、商业伙伴、供应商和雇员之间形成丝丝入扣的联系，从而成为一切环节的中心；它使供应商、承包制造商和组装商队伍浑然一体，成为 Cisco 的有机组成部分，其 70%的产品制造通过外包方式完成，并由外部承包商送至顾客手中；而且对于寻求技术支持的要求，有70%是通过网络来满足的，这些客户的满意程度比人际交往方式要高，不仅节约了开支，也节省出更多的人力资源充实到研发部门，进一步加强了竞争优势。1998 年，Cisco 在互联网上销售的网络设备产品超过 50 亿美元。按用户订单装配电脑的 Dell 公司利用互联网络进一步加强了效率与成本控制。Dell 公司通过互联网络每隔两小时向公司仓库传送一次需求信息，并让众多的供货商了解生产计划和存货情况，以便及时获取所需配件，从而在处理用户定制产品和交货方面取得了无人能比的速度。就这样，每天约有价值 500 万美元的 Dell 计算机在网上卖出，而且由于网络实时联系合作伙伴，其存货率远远低于同行。网络营销集成是对互联网络的综合应用，是互联网络对传统商业关系的整合，它使企业真正确立了市场营销的核心地位。企业的使命不是制造产品，而是根据消费者的需求，组合现有的外部资源，高效地输出一种满足这种需求的品牌产品，并提供服务保障。在这种模式下，各种类型的企业通过网络紧密联系，相互融合，并充分发挥各自优势，形成共同进行市场竞争的伙伴关系。

## 第三节　网络消费者调查与购买行为分析

### 一、网络消费者特征

消费者行为以及购买行为永远是营销者关注的一个热点问题，对于网络营销者也是如此。网络用户是网络营销的主要个体消费者，也是推动网络营销发展的主要动力，它的现状决定了网络营销今后的发展趋势和途径。我们要搞好网络市场营销工作，就必须对网络消费者的特征进行分析以便采取相应的对策。网络消费者主要具备以下四个方面的特征。

(一)注重自我

由于目前网络用户多以年轻、高学历用户为主，他们拥有不同于大众的思想和喜好，有自己独立的见解和想法，对自己的判断能力也比较自负，所以他们的具体要求越来越独特，而且变化多端，个性化越来越明显。因此，从事网络营销的企业应想办法满足其独特的需求，尊重用户的意见和建议，而不是用大众化的标准来寻找大批的消费者。

(二)头脑冷静，擅长理性分析

由于网络用户是以大城市、高学历的年轻人为主，不会轻易受舆论左右，对各种产品宣传有较强的分析判断能力，因此从事网络营销的企业应该加强信息的组织和管理，加强企业自身文化的建设，以诚信待人。

(三)喜好新鲜事物，有强烈的求知欲

这些网络用户爱好广泛，无论是对新闻、股票市场还是网上娱乐都具有浓厚的兴趣，对未知的领域抱着永不疲倦的好奇心。

(四)好胜，但缺乏耐心

因为这些用户以年轻人为主，所以比较缺乏耐心，当他们搜索信息时，经常比较注重搜索所花费的时间，如果连接、传输的速度比较慢的话，他们一般会马上离开这个站点。

网络用户的这些特点，对于企业加入网络营销的决策和实施过程都是十分重要的。营销商要想吸引顾客，保持持续的竞争力，就必须对本地区、本国以及全世界的网络用户情况进行分析，了解他们的特点，制订相应的对策。

### 二、网络消费需求特点

由于互联网商务的出现，消费观念、消费方式和消费者的地位正在发生重要的变化。互联网商务的发展促进了消费者主权地位的提高；网络营销系统巨大的信息处理能力为消费者挑选商品提供了前所未有的选择空间，使消费者的购买行为更加理性化。网络消费需求主要有以下 8 个方面的特点：

(一)消费者消费个性回归

在近代，随着工业化和标准化生产方式的盛行，使消费者的个性被淹没于大量低成本、单一化的产品洪流之中。随着21世纪的到来，这个世界变成了一个计算机网络交织的世界，消费品市场变得越来越丰富，消费者进行产品选择的范围全球化、产品的设计多样化，消费者开始制定自己的消费准则，整个市场营销又回到了个性化的基础之上。没有一个消费者的消费心理是一样的，每一个消费者都是一个细小的消费市场，个性化消费成为消费的主流。

（二）消费者需求的差异性

不仅仅是消费者的个性消费使网络消费需求呈现差异性，对于不同的网络消费者因其所处的时代环境不同，也会产生不同的需求，不同的网络消费者，即便在同一需求层次上，他们的需求也会有所不同。因为网络消费者来自世界各地，有不同的国别、民族、信仰和生活习惯，因而会产生明显的需求差异性。所以，从事网络营销的厂商，要想取得成功，就必须在整个生产过程中，从产品的构思、设计、制造，到产品的包装、运输、销售，认真思考这些差异性，并针对不同消费者的特点，采取相应的措施和方法。

（三）消费的主动性增强

在社会化分工日益细化和专业化的趋势下，消费者对消费的风险感随着选择的增多而上升。在许多大额或高档的消费中，消费者往往会主动通过各种可能的渠道获取与商品有关的信息并进行分析和比较。或许这种分析、比较不是很充分和合理，但消费者能从中得到心理的平衡以减轻风险感或减少购买后产生的后悔感，增加对产品的信任程度和心理上的满足感。消费主动性的增强来源于现代社会不确定性的增加和人类需求心理稳定及平衡的欲望。

（四）消费者直接参与生产和流通的全过程

传统的商业流通渠道由生产者、商业机构和消费者组成，其中商业机构起着重要的作用。这是因为生产者不能直接了解市场，消费者也不能直接向生产者表达自己的消费需求。而在网络环境下，消费者能直接参与到生产和流通中来，与生产者直接进行沟通，减少了市场的不确定性。

（五）追求消费过程的方便和享受

在网上购物，除了能够完成实际的购物需求以外，消费者在购买商品的同时，还能得到许多信息，并得到在各种传统商店没有的乐趣。今天，人们对现实消费过程出现了两种追求的趋势：一部分工作压力较大、紧张程度高的消费者以方便性购买为目标，他们追求的是时间和劳动成本的尽量节省；而另一部分消费者，则由于劳动生产率的提高，自由支配时间增多，他们希望通过消费来寻找生活的乐趣。今后，这两种相反的消费心理将会在较长的时间内并存。

（六）消费者选择商品的理性化

网络营销系统巨大的信息处理能力，为消费者挑选商品提供了前所未有的选择空间，消费者会利用在网上得到的信息对商品进行反复比较，以决定是否购买。对企事业单位的采购人员来说，可利用预先设计好的计算程序，迅速比较进货价格、运输费用、优惠、折扣、时间效率等综合指标，最终选择有利的进货渠道和途径。

（七）价格仍是影响消费心理的重要因素

从消费的角度来说，价格不是决定消费者购买的唯一因素，但却是消费者购买商品时肯定要考虑的因素。网上购物之所以具有生命力，重要的原因之一是网上销售的商品价格普遍低廉。尽管经营者都倾向于以各种差别化来减弱消费者对价格的敏感度，避免恶性竞争，但价格始终对消费者的心理产生重要的影响。因为消费者可以通过网络联合起来向厂商讨价还价，所以产品的定价逐步由企业定价转变为消费者引导定价。

(八)网络消费仍然具有层次性

在网络消费的开始阶段,消费者偏重于精神产品的消费;到了网络消费的成熟阶段,即消费者完全掌握了网络消费的规律和操作,并且对网络购物有了一定的信任感后,消费者才会从侧重于精神消费品的购买转向日用消费品的购买。

## 三、影响消费者网络购买的主要因素

(一)产品的特性

(1)由于网上市场不同于传统市场,网上消费者有着区别于传统市场的消费需求特征,因此并非所有的产品都适合在网上销售或开展网上营销活动。根据网上消费者的特征,网上销售的产品一般要考虑产品的新颖性,即产品是新产品或者是时尚类产品,比较能吸引人的注意。追求商品的时尚和新颖是许多消费者,特别是青年消费者重要的购买动机。

(2)考虑产品的购买参与程度。一些产品要求消费者参与程度比较高,消费者一般需要现场购物体验,而且需要很多人提供参考意见,这些产品不太适合网上销售。对于需要消费者购买体验的产品,可以采用网络营销推广功能,辅助传统营销活动进行,或者将网络营销与传统营销进行整合。厂商可以通过网络来宣传和展示产品,使消费者在充分了解产品的性能后,再到相关商场进行选购。

(二)产品的价格

从消费者的角度说,价格不是决定消费者购买的唯一因素,但却是消费者购买商品时肯定要考虑的因素,而且是一个非常重要的因素。对一般商品来讲,价格与需求量之间经常表现为反比关系,即同样的商品,价格越低,销售量越大。网上购物之所以具有生命力,重要的原因之一是网上销售的商品价格普遍低廉。

此外,消费者对网上商品有一个免费的价格心理预期,那就是虽然网上商品也是要花钱的,但那价格也应该比传统渠道的价格要低。一方面,是因为互联网的起步和发展都依托了免费策略,所以不仅互联网的免费策略深入人心,而且免费策略也得到了成功的商业运作。另一方面,互联网作为新兴市场,它可以减少传统营销中的中间费用和一些额外的信息费用,有效削减产品的成本和销售费用,这也是互联网商业应用的巨大增长潜力所在。

(三)购物的便捷性

购物便捷性是消费者选择购物的首要考虑因素之一。一般而言,消费者选择网上购物时考虑的便捷性包括两个方面:一是时间上的便捷性,可以不受时间的限制并节省时间;另一方面,是可以足不出户,在更大范围内选择商品。

(四)安全可靠性

网络购买另外一个必须考虑的因素是网上购买的安全性和可靠性问题。由于在网上消费时,消费者一般需要先付款后送货,这时以往一手交钱一手交货的现场购买方式发生了变化,网上购物中的时空发生了分离,所以消费者有失去控制的离心感。为减少网上购物的这种失落感,必须增强网上购物各环节的安全措施和控制措施,保护消费者购物过程的信息传输安全和个人隐私,从而树立消费者对网站的信心。

## 四、网络消费者购买过程

网上购物是指用户为完成购物或与之有关的任务而在网上虚拟的购物环境中浏览、搜索相关商品信息,从而为购买决策提供所需的必要信息,并实现购买的决策过程。电子商务的热潮使网上购物作为一种崭新的个人消费模式日益受到人们的关注。消费者的购买决策过程，是消费者需要、购买动机、购买活动和买后使用感受的综合与统一。网络消费的购买过程可分为以下5个阶段：确认需要→信息收集→比较选择→购买决策→购后评价。

（一）确认需要

网络购买过程的起点是诱发需求。当消费者认为已有的商品不能满足需求时，才会产生购买新产品的欲望。在传统的购物过程中，消费者的需求是在内外因素的刺激下产生的，而对于网络营销来说，诱发需求的动因只能局限于视觉和听觉。因而，网络营销对消费者产生吸引力是有一定难度的。作为企业或中介商，一定要注意了解与自己产品有关的实际需要和潜在需要，掌握这些需求在不同的时间内不同的迫切程度以及刺激诱发的因素，以便设计相应的促销手段以吸引更多的消费者浏览网页，诱导他们的需求欲望。

（二）信息收集

当需求被唤起后，每一个消费者都希望自己的需求能得到满足，所以收集信息、了解行情成为消费者购买的第二个环节。

收集信息的渠道主要有两个方面：内部渠道和外部渠道。消费者首先在自己的记忆中搜寻可能与所需商品相关的知识经验，如果没有足够的信息用于决策，他便要到外部环境中去寻找与此相关的信息。当然，不是所有的购买决策活动都要求同样程度的信息和信息搜寻。根据消费者对信息需求的范围和对搜寻需求信息努力程度的不同，可分为以下三种模式：

1. 广泛问题的解决模式

这是指消费者尚未建立评判特定商品或特定品牌的标准，也不存在对特定商品或品牌的购买倾向，而是很广泛地收集某种商品的信息。处于这个层次的消费者，可能是因为好奇、消遣或其他原因而关注自己感兴趣的商品。这个过程收集的信息会为以后的购买决策提供经验。

2. 有限问题的解决模式

处于有限问题解决模式的消费者，已建立了对特定商品的评判标准，但尚未建立对特定品牌的倾向。这时，消费者有针对性地收集信息。这个层次的信息收集才能真正而直接地影响消费者的购买决策。

3. 常规问题的解决模式

在这种模式中，消费者对将来购买的商品或品牌已有足够的经验和特定的购买倾向，他的购买决策需要的信息较少。

（三）比较选择

消费者需求的满足是有条件的，这个条件就是实际支付能力。消费者为了使消费需求与自己的购买能力相匹配，就要对各种渠道汇集而来的信息进行比较、分析，根据产品的功能、可靠性、性能、模式、价格和售后服务，从中选择一种自认为"足够好"或"满意"的产品。由于网络购物不能直接接触实物，所以网络营销商要对自己的产品进行充分的文字和图片描述以吸引更多的顾客，但不能对产品进行虚假宣传，否则可能会永久地失去顾客。

（四）购买决策

网络消费者在完成对商品的比较选择之后，便进入购买决策阶段。与传统的购买方式相比，网络购买者在做购买决策时主要有以下三个方面的特点：网络购买者理智动机所占比重较大，而感情动机的比重较小；网络购物受外界影响小；网上购物的决策行为与传统购买决策相比速度要快。

网络消费者在决策购买某种商品时，一般具备以下三个条件：一是对厂商有信任感；二是对支付有安全感；三是对产品有好感。所以，网络营销的厂商要重点抓好以上工作，促使消费者购买行为的实现。

（五）购后评价

消费者购买商品后，往往通过使用产品后效果，对自己的购买选择进行检查和反省，以判断这种购买决策的准确性。购后评价往往能够决定消费者以后的购买动向，"满意的顾客就是我最好的广告"。

为了提高企业的竞争能力，最大限度地占领市场，企业必须虚心听取顾客的反馈意见和建议。方便、快捷、便宜的即时通信软件，为网络营销者收集消费者购后评价提供了得天独厚的优势。厂商在网络上收集到这些评价之后，通过计算机的分析、归纳，可以迅速找出工作中的缺陷和不足，制定相应对策，改进自己产品的性能及售后服务。

## 第四节 网络营销策略

### 一、网络营销产品策略

一个企业的生存和发展，关键在于它所生产的产品能否满足消费者的需求，因此任何企业制定产品策略都必须适应消费者的需求及其发展趋势。

（一）产品整体概念

1. 传统营销产品整体概念

按照传统观念，产品就是指某种有形的劳动产物，如服装、家具、电视机等。但从市场营销学观点来看，市场营销过程不单是推销产品的过程，它首先是一个满足顾客需要的过程，而顾客的需要是多方面的，不但有生理和物质方面的需要，而且还有心理和精神方面的需要。所以，营销产品应是一个产品整体，它包含三个层次：核心产品、有形产品和附加产品（延伸产品）。

2. 网络营销产品的整体概念

由于网络营销是在网上虚拟市场中开展营销活动并实现企业营销目标，因而与传统市场存在着巨大差异。为此，网络营销必须满足网上消费者一些特有的需求特征。网络营销产品的内涵与传统产品的内涵之所以有一定的差异性，主要是因为网络产品的层次比传统营销产品的层次明显扩展了。

在传统市场营销中，产品满足的主要是消费者的一般性需求，因此产品相应地分成了核心产品、有形产品和附加产品三个层次。虽然传统产品中的三个层次在网络营销产品中仍然起着重要作用，但产品设计和开发的主体地位已经从企业转向顾客，企业在设计和开发产品时还必须满足顾客的个性化需求，因此网络营销产品在原有层次上还要增加两个层次，即期望产品层次和潜在产品层次，以满足顾客的个性化需求特征。

(1)核心利益或服务层次。这是产品最基本的层次，既是满足顾客需要的核心内容，也是顾客要购买的实质性东西。例如，消费者购买食品的核心是为了满足充饥和营养的需要，购买计算机是为了把它作为上网的工具等。营销的目标在于发现隐藏在产品背后的真正需要，把顾客所需要的核心利益和服务提供给顾客。有时同一种产品可以有不同的核心需要，如人们对服装、鞋帽的需要，有些以保暖为主，有些则以美观为主，强调装饰和美化人体的功能。所以，营销者要了解顾客需要的核心所在，以便进行有针对性的生产经营。

(2)有形产品层次。这是产品在市场上出现时的具体物质形态，是企业的设计和生产人员将核心产品通过一定的载体，转化为有形的物体表现出来，包括产品的质量水平、功能、款式、特色、品牌和包装等。

(3)期望产品层次。网络营销中，应满足消费需求呈个性化的特征。不同的消费者可以根据自己的爱好对产品提出不同的要求，因此产品的设计和开发也必须满足顾客的个性化消费需求。顾客在购买产品前对欲购产品的质量、使用方便程度、特点等方面的期望值的汇总，就是期望产品。例如，海尔集团提出了“您来设计我实现”的口号，消费者可以向海尔集团提出自己的个性需求，如性能、款式、色彩、大小等，海尔集团可以根据消费者的特殊要求进行产品设计和生产。现代社会已由传统的“企业设计开发，顾客被动接受”转变为“以顾客为中心，顾客提出要求，企业辅助顾客来设计开发产品，满足顾客个性需求”的新时代。

(4)延伸产品层次。这是指顾客在购买产品时所得到的附加服务或利益，主要是帮助消费者如何更好地使用核心服务或利益，如提供信贷、质量保证、免费送货、售后服务等。例如，美国 IBM 公司最先发现，用户购买计算机，不仅是购买进行计算的工具设备，而且主要是购买解决问题的服务，用户需要使用说明、软件程序、快速简便的维修方法等。因此，该公司率先向用户提供一整套计算机体系，包括硬件、软件、安装、调试和教授使用与维修技术等一系列附加服务。美国著名管理学家李维特指出：新的竞争不在于工厂里制造出来的产品，而在于工厂外能否给产品加上包装、服务、广告、咨询、融资、送货、保管或顾客认为有价值的其他东西。

(5)潜在产品层次。这是在延伸产品层次之外由企业提供能满足顾客潜在需求的产品层次，它主要是产品的一种增值服务。它与延伸产品的主要区别是，在顾客没有潜在产品层次的需要时，仍然可以很好地使用顾客所需产品的核心利益和服务。这是因为随着高科技的发展，有很多潜在需求和利益或服务还没有被顾客认识到。

### (二)网络营销产品特点

一般而言，目前适合在互联网上销售的产品通常具有以下特点：

#### 1. 多为数字化产品

由于网上用户在初期对技术有一定要求，因此，在网上销售的产品最好是与高技术或与电脑、网络有关的。目前，在网上进行产品销售的企业大多是信息技术类企业，如美国的 Dell 公司、Cisco 公司等。由于数字化技术和信息技术的发展，网络可以对许多数字化的产品进行直接配送，一些信息类产品如图书、音乐等，比较适合网上销售；还有一些无形产品如服务、远程医疗，也可以借助网络的连接实现远程销售。

#### 2. 价格低廉

互联网作为信息传递工具，在发展初期是采用共享和免费策略发展起来的，因此网上用户比较认同网上产品的低廉特征；同时，由于通过互联网进行销售的成本低于通过其他渠道销售的产品成本，因此在网上销售产品一般采用低价位定价。

#### 3. 质量要求高

网络的虚拟性使购买者在购买前无法尝试或只能通过网络来尝试产品，而不能像传统购买那样直接体验产品的质量及其他特征，所以消费者在进行网上购买时，对产品的质量十分重视，许多消费者只愿意购买标准化的产品，如图书、音乐等。为此，企业在进行网络营销时，一定要十分注意产品质量的宣传。

4. 满足个性化需求

网络的全球性，使得许多网上产品面对的是全球市场。为此，通过互联网对世界各个国家和地区进行营销的产品要符合不同国家或地区的风俗习惯、宗教信仰和教育水平；网上销售的产品还要注意产品的本土化。例如，宝洁公司在进行网络营销时就很注意这点，它在亚洲地区推出了很多适合亚洲人发质的新品牌，如润妍、潘婷等，由此很快地实现了本土化。同时，网络营销产品的式样还必须注意满足购买者的个性化需求。

5. 品牌醒目

在网络营销中，生产商与经营商的品牌同样重要，一方面，要在浩如烟海的网络信息中获得浏览者的注意，必须拥有明确、醒目的品牌；另一方面，由于网上购买者可以拥有很多选择，网上的购买者又无法进行购物体验，因此，购买者对品牌比较关注。根据调查，传统优势品牌在网上不一定会占有优势，如可口可乐公司的网站就并不很吸引网民。所以，企业要加强网上品牌的培养。

6. 包装标准化

作为通过互联网经营的针对全球市场的产品，其包装必须适合网络营销的要求，即产品包装必须标准化。只有标准化了，企业自身才能很好地进行物流配送；也只有标准化，消费者才有可能迅速地对企业产品产生信任感。

7. 目标市场覆盖面大

网上市场是以网络用户为主要目标的市场，在网上销售的产品要适合覆盖广大的地理范围。如果产品的目标市场比较狭窄，可以考虑采用传统营销策略。

(三)网络营销对产品策略的影响

网络营销对产品策略的影响主要体现在以下几方面：

1. 产品形态与定位选择策略

在互联网上，虚体产品和实体产品的销售是不一样的。虚体产品可以提供在线销售，而且软件产品一般可以试用，而实体产品只能通过网络展示。尽管多媒体技术可以充分生动地展示产品的特色，但无法直接尝试非数字产品。因此，网络营销的产品和服务应尽量数字化，对于非数字产品或服务，应尽量考虑产品的标准化，提高消费者对产品与服务的认识和信心。

2. 产品定制化策略

网络所带来的低成本、高效率和互动的传递信息方式，改变了企业传统的运作模式，使大规模的定制成为可能。网络营销是一种消费者拉动模式，它完全不同于传统营销中将客户看成是具有相近需求的群体而等同看待。传统营销理论是根据购买者的某些特性，将市场区分为若干个相关群体以确定目标市场；而个性化定制使市场细分达到了极限，每一个客户都被看成为一个微型市场，目标市场更加明确化。企业必须具有根据每一个客户的特别要求定制产品或服务的能力，即所谓的"一对一"(One-to-One)定制化服务。

3. 产品的品牌策略

电子商务状况下的顾客是文化层次较高、购买欲较强的文化人与年轻人，他们愿意购买信誉度较高的名牌产品、新产品，而且能够比较容易地买到这些产品，为此产品中的品牌要素一定比传统情况下更加重要。在这种情况下，会出现某公司产品质量和竞争对手相当，甚至比对手还要好，但仅仅因为"原产地"原因而不受消费者欢迎的现象。解决这一问题的基本对策是实施名牌战略以及与有美誉的知名公司进行生产与销售上的合作。

4. 产品的服务策略

同传统工业相比，后工业社会中系统的服务正占据越来越重要的地位，而电子商务的出现使这越来越重要的服务得到了真正的履行。在这种情况下新的竞争不在于工厂制造的产品，而在于能否给产品加上包装、服务、广告、咨询、融资、送货、保管或顾客认为有价值的其他内容。

5. 新产品开发策略

由于互联网体现的信息对称性，企业和顾客可以随时随地进行信息交换。在产品开发中，企业可以迅速向顾客提供新产品的结构、性能等各方面的资料，并进行市场调查，顾客可以及时将意见反馈给企业，从而明显提高了企业开发新产品的速度，也降低了开发新产品的成本。通过互联网，企业还可以迅速建立和更改产品项目，并应用互联网对产品项目进行虚拟推广，从而可以高速度、低成本地实现对产品项目及营销方案的调研和改进，并使企业的产品设计、生产、销售和服务等营销环节共享信息、互相交流，促使产品开发从各方面满足顾客需要，最大限度地实现顾客满意。这里特别强调的是，在为顾客服务的过程中捕捉新产品开发的创意，包括：注重消费者感到不满、不快、不平、不便、不洁等方面的研究与利用；注重消费者盼望、欲望与希望等方面的研究与利用；着眼于对在发达国家、发达地区或其他有关地区畅销过产品的研究与利用；着眼于国内外流行现象的观察与利用。

## 二、网络营销价格策略

价格策略是市场营销活动中极为重要的一部分，它与其他营销策略相结合共同作用于营销目标。价格的合理与否会直接影响产品或服务的销路，是竞争的主要手段，关系到企业营销目标的实现。在进行网络营销时，企业应特别重视价格策略的运用，以巩固企业在市场中的地位，增强企业的竞争能力。

### （一）网络营销定价特点

在选择合理的定价策略之前，我们必须首先了解网上定价的特点。

1. 全球性

网络营销市场面对的是开放的和全球化的市场，用户可以在世界各地直接通过网站进行购买，而不用考虑网站是属于哪一个国家或者地区的。这种目标市场从过去受地理位置限制的局部市场，一下拓展到范围广泛的全球性市场，这使得网络营销产品定价时必须考虑目标市场范围的变化给定价带来的影响。

如果产品的来源地和销售目的地与传统市场渠道类似，则可以采用原来的定价方法；如果产品的来源地和销售目的地与原来传统市场渠道差距非常大，定价时就必须考虑这种地理位置差异带来的影响。如亚马逊网上商店的产品来自美国，购买者也在美国，那产品定价可以按照原定价方法进行折扣定价，定价也比较简单；如果购买者是来自中国或者其他国家的消费者，继续采用针对美国本土的定价方法就很难面对全球化市场，势必影响网络市场全球化作用的发挥。为解决这些问题，可采用本地化方法，准备在不同国家的市场建立地区性网站，以适应地区市场消费者需求的变化。

由于企业面对的是全球性网上市场，所以企业不能以统一市场策略来面对差异性极大的全球性市场，必须采用全球化与本地化相结合的原则进行定价。

2. 低价位定价

互联网是从科学研究应用发展而来的，因此互联网使用者的主导观念是网上的信息产品是免费的、开放的、自由的。在早期互联网开展商业应用时，许多网站采用收费方式想直接从互联网盈利，结果被证明是失败的。成功的百度公司通过为网上用户提供免费的检索站点起步，逐步拓展为门户站点，到现在拓展到个人出行、外卖等领域，一步一步获得成功。它成功的主要原因是遵循了互联网的免费原则和间接收益原则。

网上产品定价较传统产品定价要低，还有着成本费用降低的原因。前文分析了互联网发展可以从诸多方面来帮助企业降低成本费用，从而使企业有更大的降价空间来满足顾客的需求。因此，如果在网上定价过高或者降价空间有限的产品，在现阶段最好不要在消费者市场上销售。如果面对的是工业、组织市场，或者是高新技术的新产品，则网上顾客对产品的价格不太敏感，他们主要是考虑产品的方便性和新潮性，这类产品就不一定采取低价定价的策略。

3. 顾客主导定价

所谓顾客主导定价，是指为满足自己的需求，顾客通过充分的市场信息来选择购买或者定制生产自己满意的产品或服务，同时以最小代价（产品价格、购买费用等）获得这些产品或服务。简单地说，就是顾客的价值最大化，即顾客以最小成本获得最大收益。

顾客主导定价的策略主要有两种：顾客定制生产定价和拍卖市场定价（具体内容后文详细分析）。根据调查分析，由顾客主导定价的产品并不比企业主导定价的产品获取的利润低。根据国外拍卖网站 eBay. com 的分析统计，在网上拍卖定价产品，只有 20%产品拍卖价格低于卖者的预期价格，50%产品拍卖价格略高于卖者的预期价格，剩下 30%产品拍卖价格与卖者预期价格相吻合，在所有拍卖成交产品中有 95%的产品成交价格令卖主比较满意。因此，顾客主导定价是一种双赢的发展策略，它既能更好地满足顾客的需求，同时企业的收益又不会受到影响，而且可以对目标市场了解得更充分，从而使得企业的经营生产和产品研制开发更加符合市场竞争的需要。

（二）网络营销定价策略

网络营销定价的策略很多，这里主要根据网络营销的特点，着重阐述网络营销的一般定价策略，如低价定价策略、定制生产定价策略、使用定价策略和拍卖竞价策略等。

1. 低价定价策略

借助互联网进行销售比传统销售渠道的费用低廉，因此网上销售价格一般来说比流行的市场价格要低。由于网上的信息是公开和易于搜索比较的，因此网上的价格信息对消费者的购买起着重要作用。根据研究，消费者选择网上购物，一方面是因为在网上购物比较方便，另一方面是因为从网上可以获取更多的产品信息，从而以最优惠的价格购买商品。

直接低价定价策略就是由于定价时大多采用成本加很少的利润，有的甚至是零利润，因此这种定价在公开价格时就比同类产品要低。它一般是制造业企业在网上进行直销时采用的定价方式，如 Dell 公司电脑定价比其他公司同性能的产品低 10%－15%。采用低价策略的基础是通过互联网企业可以节省大量的成本费用。

另外一种低价定价策略是折扣策略，它是在原价基础上进行折扣来定价的。这种定价方式可以让顾客直接了解产品的降价幅度以促进顾客的购买。这类价格策略主要用在一些网上商店，它一般按照市面上的流行价格进行折扣，如 Amazon 的图书一般都有折扣，而且折扣达到 3－5 折。

如果企业是为拓展网上市场，但产品价格又不具有竞争优势时，则可以采用网上促销定价策略。由于网上消费者范围很广而且具有很强的购买能力，许多企业为打开网上销售市场和推广产品，一般采用临时促销定价策略。促销定价除了前面提到的折扣策略外，比较常用的还有有奖销售和附带赠品销售。

在采用低价策略时要注意的是：首先，由于互联网是从免费共享资源发展而来的，因此用户一般认为网上商品比从一般渠道购买的商品要便宜，在网上不宜销售那些顾客对价格敏感而企业又难以降价的产品；其次，在网上公布价格时要注意区分消费对象，一般要区分一般消费者、零售商、批发商和合作伙伴，分别为他们提供不同的价格信息发布渠道，否则可能因低价策略混乱导致营销渠道混乱；再次，网上发布价格时要注意比较同类站点公布的价格，因为消费者可以通过搜索功能在网上找到最便宜的产品，否则价格信息公布将起到反作用。

2. 定制生产定价策略

定制化生产根据顾客对象可以分为两类。一类是面对工业组织市场的定制生产，这部分市场属于供应商与订货商的协作问题，如波音公司在设计和生产新型飞机时，要求其供应商按照其飞机总体设计标准和成本要求来组织生产。这类属于工业组织市场的定制生产主要通过产业链，从下游企业向上游企业提出需求和成本控制要求，上游企业与下游企业进行协作设计、开发并生产满足下游企业需要的零部件产品。另一类是面对最终消费者的定制市场，由于消费者的个性化需求差异大，因此企业在管理、供应、生产和配送各个环节上，必须适应这种小批量、多式样、多规格和多品种产品的生产和销售变化。为适应这种变化，现在企业在管理上采用 ERP(企业资源计划系统，Enterprise Resource Planning)来实现自动化、数字化管理；在生产上采用 CIMS (计算机集成制造系统，Computer Integrated Manufacturing System)；在供应和配送上采用 SCM(供应链管理，Supply Chain Management)。

定制生产定价策略是建立在企业能实行定制生产的基础上，它利用网络技术和辅助设计软件，帮助消费者选择配置或者自行设计能满足自己需求的个性化产品，同时承担自己愿意付出的价格成本。Dell 公司的用户可以通过其网页了解本型号产品的基本配置和基本功能，根据实际需要和能承担的价格，配置出自己最满意的产品，使自己能够一次性买到中意的产品。在配置电脑的同时，消费者也相应地选择了自己认为价格合适的产品，因此对产品价格有比较透明的认识，从而增加企业在消费者心目中的信用。目前这种允许消费者定制定价订货的尝试还只是初步阶段，消费者只能在有限的范围内进行挑选，还不能完全要求企业满足自己所有的个性化需求。

3. 使用定价策略

传统交易关系中，产品买卖是完全产权式的，顾客购买产品后即拥有对产品的完全产权。但随着经济的发展，人民生活水平的提高，有些顾客对产品的需求越来越多，产品的使用周期也越来越短，由此造成诸多浪费。这些状况制约了其他顾客对这些产品的需求。为改变这种情况，可以在网上采用类似租赁的、按使用次数定价的方式。

所谓使用定价，就是顾客通过互联网注册后可以直接使用某公司的产品，并根据使用次数进行付费，而不需要将产品完全购买。这一方面减少了企业为完全出售产品进行大量不必要的生产和包装的浪费，同时还可以吸引过去那些有顾虑的顾客使用产品，扩大市场份额。顾客每次只是根据使用次数付款，不仅省去了购买、安装、处置产品的麻烦，也可以节省不必要的开销。

采用按使用次数定价的方法，一般要考虑产品是否适合通过互联网传输以及是否可以实现远程调用。目前，比较适合的产品有软件、音乐、电影等产品。对于软件，如我国的用友软件公司推出网络财务软件，用户在网上注册后就可以在网上直接处理账务，而无须购买软件和担心软件的升级、维护等十分麻烦的事情；对于音乐产品，也可以通过网上下载或使用专用软件点播；对于电影产品，则可以通过现在的视频点播系统 VOD 来实现远程点播，无须购买影带。

另外，采用按次数定价对互联网的带宽提出了很高的要求，因为许多信息都要通过互联网进行传输，如果互联网带宽不够将影响数据传输，势必会影响顾客租赁使用和观看。

4. 拍卖竞价策略

网上拍卖是目前发展比较快的领域。经济学认为市场要想形成最合理价格，拍卖竞价是最合理的方式。网上拍卖由消费者通过互联网轮流公开竞价，在规定时间内价高者赢得。目前国外比较有名的拍卖站点是 http://www.ebay.com，它允许商品公开在网上拍卖，拍卖竞价者只需要在网上进行登记即可，拍卖方只需将拍卖品的相关信息提交给 eBay 公司，经公司审查合格后即可上网拍卖。根据供需关系，网上拍卖竞价方式有下面几种：

(1)竞价拍卖：最大量的是 C to C 的交易，包括二手货、收藏品，也可以是普通商品以拍卖方式进行出售，如 HP 公司将公司的一些库存积压产品放到网上拍卖。

(2)竞价拍买：这是竞价拍卖的反向过程。消费者提出一个价格范围，求购某一商品，由商家出价，出价可以是公开的或隐蔽的，消费者将与出价最低或最接近的商家成交。

(3)集体议价：在互联网出现以前，这在国外主要是多个零售商联合起来，向批发商(或生产商)以数量换价格的方式。互联网出现后，使得普通的消费者也能使用这种方式购买商品。网上集合竞价模式，是一种由消费者集体议价的交易方式。这在目前的国内网络竞价市场中，还是一种全新的交易方式。提出这一模式的是美国著名的 priceline 公司(http://www.priceline.com)。

就价格而言，拍卖竞争策略在理论上有两种价格模式：浮动价格模式和固定价格模式。浮动价格模式包括竞价拍卖、竞价拍买和集体议价等竞价模式；固定价格模式包括供方定价直销、需方定价求购等定价模式。

在拍卖交易关系中，根据交易双方的关系，可以将交易关系形式化为交易模式 X∶Y。在交易模式中 X∶Y 的含义为：达成交易时供需者数量的对比。根据数量对比关系，有下面四种模式：

其一，1∶1 (1 对 1)的交易模式：大部分个人交易(C to C)、企业以拍卖方式出售商品，传统拍卖企业进行的对单个购买者的拍卖交易，均为这一模式。

其二，1∶n (1 对多)的交易模式：多数企业对个人的交易(B to C)是这种模式。这一模式中价格的形成，既有供方主导的正向定价法，也有通过集体议价由需方主导的逆向定价法。

其三，n∶1 (多对 1)的交易模式：当任何一个供应方无法满足需求方批量要求时，将由多个商家提供商品或服务，这将导致 n∶1 的交易模式的使用。

其四，m∶n (多对多)的交易模式：当集体议价模式盛行，同时参与集体议价的需方数量又超过了单一供应方的供给能力时，m∶n 交易模式将会出现。

上面介绍的一些拍卖竞价方式是一种最市场化的方法，随着互联网市场的拓展，将有越来越多的产品通过互联网拍卖竞价。目前拍卖竞价针对的购买群体主要是消费者市场，个体消费者是目前拍卖市场的主体。因此，采用拍卖竞价并不是企业目前首要选择的定价方法，因为拍卖竞价可能会破坏企业原有的营销渠道和价格策略。采用网上拍卖竞价的产品，比较合适的是企业的一些库存积压产品，也可以是企业的一些新产品，通过拍卖展示起到促销效果。

总之，企业可以根据自己所生产产品的特性和网上市场的发展状况来选择合适的价格策略。但无论采用什么策略，企业的定价策略都应与其他策略相配合，以保证企业总体营销策略的实施。

## 三、网络营销分销策略

网络营销渠道的选择是整个市场营销组合策略的重要组成部分。合理的网络营销渠道，一方面可以最有效地把产品及时提供给消费者，满足用户的需要；另一方面也有利于扩大销售，加速物资和资金的流转速度，降低营销费用。有些企业的产品质量不错，价格也合理，但缺乏合适的营销渠道或营销渠道不畅，无法扩大销售，这种例子是很常见的。网络营销的渠道可分为直接营销渠道和间接营销渠道。与之相对应的网络营销的渠道策略可分为网络直销策略、网络间接分销策略、直销渠道和间接渠道并用的双道策略（又称双道法）。

（一）网络直销策略

网络直销是指生产厂家利用互联网，不借助其他分销渠道所开展的直接销售活动。这种买卖交易的最大特点是供需双方直接见面、环节少、速度快、费用低。网络直销的优点在于它能够有效地减少交易环节，大幅度地降低交易成本，从而降低消费者所得到商品的最终价格。在传统的商业模式中，企业和商家不得不拿出很大一部分资金用于开拓分销渠道。分销渠道的拓展，虽然扩大了企业的分销范围，加大了商品的销售量，但同时也意味着更多的分销商参与利润分配，即企业不得不出让很大一部分利润给分销商，用户也不得不承受高昂的最终价格——这是生产者和消费者都不愿看到的。

网络技术的发展，使遍布全球的网络直接连接到最终消费者，电子商务使消费者能以较低交易费用与生产者直接交易，为网上直销提供了条件。戴尔公司为网上直销树立了典范：它成为最大的个人计算机供货商，主要原因就在于其“网上直销”战略的奏效。戴尔模式取得的巨大成功，使得整个个人计算机行业不得不对它的在线直接销售模式做出反应。越来越多的调查表明，网络直销将会成为未来营销方式的主流。由于网络直销合并了全部的中间环节，并提供更为详细的商品信息，买主能更容易地比较商品特性及价格，从而在消费选择上居于主动地位，并使得买主与众多销售商的联系更加便利。对于卖方而言，这种模式几乎不需要销售成本，而且即时完成交易，好处是显而易见的。目前，越来越多的生产商建立了自己的网站，直接面对消费者销售产品。

但是并不是每个企业都适合采用自己建立的网站进行直接销售，一个企业在决定是否自建网站进行直接销售时必须认真考虑企业自身的市场优势和产品品牌的知名度。当然，对于一些企业来讲，不仅技术基础设施的建设需要大量的投资，而且进行有效的管理和网站的推广也是一笔相当大的费用，这不是每个企业都能承受的。所以，对于中小型企业来讲，是否建立自己的网站需慎重考虑。

企业在确定是否采用网上直销策略时，一般要综合考虑以下一些因素：

(1)目标市场的大小。一般来说，企业的目标市场范围越小，面对最终消费者进行网上直销的可能性就越大。

(2)商品特性。产品单价高、产品技术性复杂，可采用网上直销策略。

(3)企业条件。如果企业实力强大，能够建立自己的网上销售网络，则实行直接销售；反之，应选择利用中间商销售产品。

(4)营销环境。商品配送能力比较强的地区可以选择网上直销方式；反之，有可能因为配送成本太高，而导致直销无法进行。

(5)传统渠道的影响。企业采用网上直销模式，会对传统渠道构成影响，企业要考虑替代的效果。中间商在广告、运输、储存、信用、训练人员、送货方面的作用如果不能用网络来代替，企业就不能全部采用直销渠道。

(二)网络间接分销策略

由于网络是一个虚拟市场,所以在网络直销时,交易双方都会考虑对方的信誉,担心出现对方“拿钱不给货”或者“拿货不给钱”的问题,进而影响交易的进行。为了克服网络直销的这一缺点,网络商品交易中介机构(即网络中间商)应运而生。这类机构成为连接买卖双方的枢纽,使得网络间接销售成为可能。阿里巴巴 B to B 网站、中国商品交易中心等都是这类中介机构。网络间接营销是指生产者通过融入互联网技术的这类中介机构把产品销售给最终用户。

网络间接销售克服了网络直销的缺点,使网络商品交易中介机构成为网络时代连接买卖双方的枢纽。这种情形之所以会出现,首先是因为这些专业的网络中介机构知名度高、信誉好,并且可以解决“拿钱不给货”或者“拿货不给钱”的问题,从而降低买卖双方的风险,确保了双方的利益。其次,由于网络中介机构汇集了大量的产品信息,消费者进入一个网站(中介机构)就可以获得不同厂家的同类产品的信息,生产者只要通过同一个中间环节就可以和消费者发生交易关系,这大大简化了交易过程,加快了交易速度,使生产者和消费者都感到方便。所以,那些认为随着网络营销的发展,网络直销将会完全替代间接销售的看法是片面的。尽管未来网络的进步会使网络直销得到充分发展,但网络间接销售仍有其生存空间。

网络上的中间商又称为电子中间商。与传统中间商一样,电子中间商起着连接生产者和消费者的作用。网络中间商建立的交易市场相当于传统营销中的市场,市场的特征、知名度、客流量所能提供的服务直接影响着企业营销活动的效果。因此,网络中间商的选择对企业开展网络营销起着十分重要的作用。企业在选择网络中间商时,需要考虑以下几个主要因素:

(1)网络中间商的特色。

(2)网络中间商的影响力。

(3)网络中间商的服务。

目前网上中间商按是否拥有商品的所有权,可以分为网上经销商和代理商;按中间商在流通过程中所起的作用,分为网上批发商和零售商。

(三)网络营销渠道的双道策略

网络营销渠道的双道策略,又称双道法,是指企业同时使用网络直销渠道和网络间接销售渠道,以达到销售量最大的目的。在西方众多企业的网络营销活动中,双道法是最常见的方法,是企业网络营销渠道的最佳策略。在买方市场条件下,通过两条渠道推销产品比通过单一渠道更容易实现“市场渗透”。

## 四、网络营销促销策略

在网络营销活动的整体策划中,网上促销是其中极为重要的一项内容。网上促销是指利用 Internet 等电子手段来组织促销活动,以辅助和促进消费者对商品或服务的购买和使用。目前,网上促销开发较为广泛,尤其是网络广告比较受欢迎。网络促销的出发点是利用网络特征实现与顾客沟通,这种沟通方式不是传统营销中“推”的方式,而是“拉”的方式,即“软”营销。这一特色是发掘潜在顾客的最佳途径。常用的网上促销策略有:

(一)网络广告

1998 年 5 月,联合国新闻委员会年会正式宣布 Internet 为继报刊、广播、电视三大媒体之外的第四传播媒体。与报刊、广播、电视这三大传统媒体相比,Internet 使得信息在传播技术、传播效率及传播功能等方面产生了前所未有的变化。互联网正在成为重要的广告媒体市场。2003年中国互联网广告的市场规模为10.8亿元;2004年比上年增加了75.9%,为19亿元。在整体广告行业中,网络广告市场保持高速增长的状态。互联网是一个如此巨大的媒体,又处在高速发展中,在互联网上做广告意味着难以估量的商业机会。

1. 网络广告的定义

网络广告是指在Internet上发布、传播的广告。这些广告可以通过超级链接的形式链接到广告主的网站上,从而可以让受众了解广告的更多信息,更好地达到网络广告的目的。《热线》(Hot Wired)杂志网络版于1994年10月14日在其站点上发布了第一个网络广告。《热线》杂志并不通过销售杂志的电子拷贝来赚钱,它用的是更为传统的方式——向赞助商收取高额的广告费。这本以Web为基础的杂志在1994年10月吸引了AT&T等16家赞助商,每家做广告的公司向该杂志交付3万美元,获得两个月的广告资格。

近几年我国网络用户对网络广告的态度也发生了转变。2001年7月的CNNIC调查结果显示,在用户对网络广告的看法方面,选择有时点击和经常点击的人有63.4%,比半年前的50%有所增加。在用户是否愿意收到网络广告邮件作为选择物品或服务的参考方面,表示愿意的占36.0%,与半年前的31.3%相比有所提高。这些数据说明网络广告这种形式正逐渐被人们所接受。

2. 网络广告的形式

网络广告具备先进的多媒体技术,拥有灵活多样的表现形式。

目前网络广告大致有以下几种表现形式:

(1)旗帜广告(Banner)。企业一般愿意在网站采取旗帜广告的形式投放广告。旗帜广告又称横幅广告,是一幅放置在网页最上端表现商家广告内容的矩形图片,宽度在400—600像素(8.44—12.66cm),高度在80—100像素(1.69—2.11cm),以GIF、JPG等格式放置在网页中。旗帜广告又有静态和动态之分,为吸引更多的注意力,往往以动画形式出现。由于位置醒目、图幅大,可以比较自由地以文字图形等形式向浏览者传递信息,引导浏览者与商家深入互动地交流。

(2)按钮广告(Button)。类似于横幅广告,只是所占空间较小,可以被设置在网页的任何位置。通常是一个链接着企业主页或站点的企业标志(Logo),并注明字样"Click Me",希望浏览者主动点击。常用的按钮式广告尺寸有4种:125×125(方形按钮)、120×90、120×60、88×31像素。由于尺寸偏小,表现手法较简单,为了吸引访问者的注意,有把它制成浮动式的,又称浮动广告或浮标广告。此类广告不停地在网页上浮动,有的从上向下,有的从左到右,有的甚至随机浮动。一般情况下,浮动广告在80×80像素左右。

(3)弹出式广告。这是在浏览者打开一个新的网页或在浏览某个网页时弹出一个包含广告内容的新窗口。广告主选择在自己喜欢的网站或栏目之前插入一个新窗口显示广告内容。这里弹出的是一个个人网站广告窗口,这种广告的出现具有强迫性,均自行出现在浏览器上。

(4)文字链接广告。有些广告发布者,为了节省有限的网页空间,或者节约成本等原因,常常在网页中只做一段带有特别颜色或者下划线的文字,只要浏览者点击这段文字,就可以跳转到一个广告页面。文字链接广告长度通常为10—20个中文字,内容多为一些吸引人的标题,点击后链接到指定页面。

(5)墙纸广告。墙纸广告是将所要表现的广告内容体现在墙纸上,并安排在具有墙纸内容的网站上,以供感兴趣的人进行下载。

(6)电子邮件广告。电子邮件广告是以电子邮件为传播载体的一种网络广告形式,其有可能全部是广告信息,也可能在电子邮件中穿插一些实用的相关信息;可能是一次性的,也可能是多次的或者定期的。通常情况下,网络用户需要事先同意加入到该电子邮件的广告邮件列表中,以表示同意接受这类广告信息,这样他才会接收到电子邮件广告。这是一种许可行销的模式。那些未经许可而收到的电子邮件广告通常被视为垃圾邮件。

(7)电子杂志广告。电子杂志是由国内著名的ICP(Internet Content Provider)提供,有着内容和信誉的充分保障,它由专业人员精心编辑制作,具有很强的时效性、可读性和交互性,而且不受地域和时间限制,无论您在全球的哪个地方,电子杂志都可以带给您最新最全的信息。由于电子杂志是由网民根据兴趣与需要主动订阅的,同垃圾邮件(SPAM)有本质区别,所以此类广告更能准确有效地面向潜在客户。此外电子邮件杂志的形式还非常适合目前中国的网络状况,它可以让数百万订户不必花费很多时间和上网费就可以获得大量的中文优质信息。在这类专业杂志上面投放广告,不仅费用低廉,而且效果也非常显著,因为它能够将企业的产品和服务等广告信息在Internet上得到迅速推广传播。

(8)互动游戏广告。互动游戏广告出现在页面游戏之中,时间可以是游戏开始、中间或者结束之时,其广告形式多种多样。例如,在欣赏完圣诞节的互动游戏贺卡之后,出现一个广告作为整个游戏贺卡的结束页面。通过这种形式,还可以根据广告主产品的特点为其量身定做互动游戏广告。

(二)网络销售促进

广告等促销活动的目的是为了建立产品的品牌形象,使消费者经常购买或长期使用该企业的产品。而销售促进活动则不同,它是为了使原来购买、使用其他品牌产品的顾客能够被吸引到本企业的产品上来,在短期内扩大企业产品的销售。因此,它的作用在短期特殊目标的完成上针对性较强,促销作用比较明显。

1. 网上销售促进的含义

网上销售促进就是在网上市场利用销售促进工具刺激顾客对产品的购买和消费使用。互联网作为沟通渠道和媒体,具有传统渠道所没有的优势,在刺激产品销售的同时,企业还可以与顾客建立互动关系,了解顾客的需求和他们对产品的评价。

2. 网上销售促进的主要方法

(1)电子优惠券。电子优惠券是一种折扣促销方式,是商家为吸引上网族而在线发布的优惠券。所谓折扣,是指企业对标价或成交价款实行降低部分价格或减少部分收款的促销方法。美国亚马逊网上书店对许多种图书都实行了折扣销售,折扣率从5%到40%不等,它将网络信息传递所节省的费用,通过折扣的形式转移到顾客身上,使顾客充分领略网上交易方法的优越性。电子优惠券可以从网上下载并打印,消费时向商家出示,即可享受商家的优惠打折承诺,这样做既省去了商家印刷和发送传统优惠券的成本,又方便了消费者,有的还可以无限量地复制使用。比如,麦当劳、肯德基、必胜客等公司的官方网站都发布电子优惠券。肯德基的电子优惠券分为普通券与会员券,任何人进入网站的电子优惠券页面都可以打印使用普通券;会员券则必须先注册成为肯德基网友之家的会员,正确输入有效的电子邮箱地址和密码,得到会员资格的确认信后,才可以打印会员专属的电子优惠券。会员券与普通券相比,优惠种类更多,优惠幅度更大,而且是一年不断,随时可以打印使用。还有的是在网上商店购物达到一定数量后,便获赠电子优惠券,下次购物时可按比例使用,比如当当网经常提供的优惠券。微软2005年2月22日至3月底为销售WinXP软件,也根据客户的申请提供电子优惠券,获得许可的客户得到半价正版软件。采用这种方式的主要目的是试图把盗版用户逐步拉回到正版阵营。

(2)在线试用品与赠品。在线的试用品与赠品多数是虚拟的体验、服务或数字产品。最常见的有软件网站提供可下载试用版,给予一定试用期限或者使用限制。有的软件商以极低的注册费用在网上推销客户端软件,又以相当高的价格向硬件供应商、系统集成商或网站建立者销售他们的服务端软件,从客户的用户端成功“锁定”客户,从而达到获取利润的目的。淘宝网的淘宝试用中心就是这方面的一个相当成功的例子。一些在线信息网站出售调研报告等数字资料时,也会免费提供一小部分内容吸引购买。

(3)在线竞赛与抽奖。许多网站组织竞赛和抽奖不仅是为吸引眼球和客户的不断光顾,还为了与客户共建网站内容,通过参与让客户对网站生出留恋和感情,从而建立长期的关系,形成良好的口碑。如果定期更新抽奖内容,客户就会时常返回查询是否获奖。三星照相机网站经常组织外景拍摄活动和拍摄作品比赛,虽然奖品只是瑞士军刀、数码相机存储卡、雨伞等,但是自己的作品被刊登、被认可的荣誉感让客户产生对网站的归属感。

(三)网络公共关系

针对广告在网络世界中的效果,有一个观点值得关注,即:“无论公司大小,纯粹的网络广告能产生的效益都非常有限。在网络世界,企业更加要先做公关,再做广告。”网络公共关系是公共关系的一部分,旨在影响公共舆论并在公众中建立信誉,这种信誉可通过品牌相关活动和不付费的第三方媒体报道建立。公共关系面对的是不同的利益相关者,着眼于品牌形象与远期目标,而非短期和当前的实际收入。

1. 网络公共关系的特点

(1)网络公共关系主体的主动性增强。网络公共关系的主体可以是网络上的任何社会组织,网络所特有的互动性使企业在网络公共关系中的主动性得以增强。几乎在整个互联网公共关系活动中的任何环节,网络公共关系的主体都可以拥有主动权。企业通过网络论坛、微博、微信等直接面向目标市场及时发布新闻,而且新闻不受篇幅、媒体、时间与空间的限制,不需要通过新闻媒介的审批,从而打破了传统公共关系活动利用新闻媒介的局限性,使利用新闻媒介方面的主动性得到了加强。

(2)网络公共关系客体的权威性得到强化。网络公共关系客体即网上消费者,它是指与网上企业有实际或潜在利害关系或相互影响的个体或群体。网上企业的消费群体构成了它赖以生存的两大类网络社区:一类是围绕网上企业由利益驱动形成的垂直网络社区,包括投资者、供应商、分销商、顾客、雇员及目标市场中的其他成员;另一类是围绕某一主题形成的横向网络社区,包括生产、销售类似产品或提供相似服务的其他企业或组织等,其活动的主要场所是各类网络论坛、新闻组、邮件列表等。在网络公共关系活动中,网上消费者对网上企业的影响变得更直接、更迅速。因此,从事网络公共关系的人员必须充分认识消费群体在网络公共关系活动中的重要性,事先控制信息传播的内容、方向、范围,监控消费群体的反应,及时采取有效措施,化解对企业的不良影响。

(3)网络公共关系传播的效能大大提高。网络作为公共关系传播的媒体,彻底改变了传统公共关系的信息传播方式。传统的传播方式是单向的 1∶n 的沟通,而网络上的传播是双向互动式的,是 1∶1 的沟通。这种互动式的个体沟通方式使接收信息的消费者群体在阅读信息的同时,可以与企业的有关人员或其他网民开展讨论,还可以对信息内容、信息的传播形式进行控制,使企业在传播信息时有必要根据消费群体的不同需要、不同的反应程度提供个性化的信息服务。

(4)网络公共关系传播时空更广泛。开展网络公共关系使传播时空大为扩展。从传播空间上看,企业传播信息不受版面等的限制,有足够的空间传播内容详尽的信息,并可通过与其他相关信息的超链接增加信息容量,实现企业与消费者之间的即时互动。从传播时间上看,网络传播可以全天 24 小时随时发布新闻,一有消息即可播出,不必为传统媒介的时间等问题大伤脑筋。

2. 网络公共关系的形式

网络公共关系包括非广告、促销或交易性的网上内容、在线活动(研讨会、网友见面会)、在线社区、在线客户服务等。例如,栏目赞助就是网络公共关系的一种形式。栏目赞助由企业对其他网站的某些栏目提供赞助,访问者可以通过赞助页面直接连接到企业的网页,从而扩大企业网页的知名度。企业赞助对象一般是一些会议、公共信息、政府或非营利性的活动,如企业可以赞助一个电视剧的展出页面,以吸引观众对自己的企业、产品或服务的注意。

**案例**

**大众:开车别看手机**

如何有效地向人们强调"开车别看手机"这个基本知识?宣传海报、广告口号?NO NO NO,大众告诉你还有别的更有效的方法。香港大众汽车包下了电影院影片开播前的广告位,播放了一段第一视觉的汽车前进画面,再用 LBS 技术推送短信给现场观众。当观众听到短信提示音后,都纷纷拿起手机查看,而这时电影屏幕中的汽车也发生了事故。在最后的画面中,大家看到提示:"玩手机是当前交通事故的主要发生原因,珍惜生命,勿玩手机。"

点评:电影院营销这招可口可乐之前也有玩过,用来提醒观众在观影时不要发出噪声。大众这次则棋高一着,应用了 LBS 短信推送功能,让大家不再以旁观者的视角来观看影片,而是作为第一人物来体会开车看手机的危害。

**可乐歌词瓶**

继上一年的"昵称瓶"后,可口可乐今年继续发力,推出"歌词瓶"。从周杰伦到五月天,歌词瓶上的歌词大多出自人们耳熟能详的歌曲。此外,消费者扫描瓶上的二维码,便可观看小段音乐动画,并在社交平台上分享。让年轻人们通过瓶上的歌词或音乐来表达自己的心情。经过"昵称瓶"后,可口可乐对"歌词瓶"的推广更显轻车熟路。先是在类似于潘石屹、任志强等 KOL 的微博上进行定制化产品投放,利用名人效应让更多消费者熟知;而后,在自身的微博上发布与歌词相关的内容,与产品配合。于是,未过多久,我们便看到不少朋友在自身的社交平台上也晒起了有意思的歌词瓶。

## 课后习题

### 一、选择题

1. 微软公司的浏览器软件是(　　)。

A. Outlook Express　B. IE　C. Navigator　D. Window 98

2. E-mail 是指(　　)。

A. 浏览器　　B. 主页　　C. 防火墙　　D. 电子邮件

3. Internet 诞生于 20 世纪（　　）年代。

A. 60　　B. 70　　C. 80　　D. 90

4. 网络营销诞生于 20 世纪（　　）年代。

A. 60　　B. 70　　C. 80　　D. 90

5. 下列属于合法电子邮件地址的是（　　）。

A. happy. 126. com　　B. happy@126. com

C. happy. 126@com　　D. happy. 126. com

6. 网络营销使企业与消费者之间的距离（　　）。

A. 增加　　B. 减少　　C. 没有变化　　D. 无法判断

## 二、判断题

1. 网络营销就是在网上进行产品销售。（　　）

2. 企业可以通过互联网实现一对一的营销。（　　）

3. 企业要开展网络营销，必须建立企业自己的网站。（　　）

4. “钻石小鸟”是国内最早从事网络钻石销售的专业珠宝网店。（　　）

5. 网络营销独立于传统营销而存在，两者没有任何关系。（　　）

6. 开展网络营销的企业都会获得可能的收益。（　　）

## 三、简答题

1. 什么是网络营销？你是如何理解网络营销内容的？

2. 与传统市场营销相比，网络营销具有哪些特点与优势？

3. 你认为将来网络营销会取代传统营销吗？请谈谈你的观点。

4. 目前我国企业开展网络营销还存在哪些问题？企业应如何解决这些问题？

# 参考文献


1. 刘丽霞.市场营销学[M].北京:北京大学出版社,2010.
2. 何静.市场营销学[M].武汉:华中科技大学出版社,2004.
3. 郭国庆.市场营销学[M].武汉:武汉大学出版社,2004.
4. 吴建安.市场营销学[M].北京:高等教育出版社,2011.
5. 张唐槟.市场营销学[M].成都:西南财经大学出版社,2012.
6. 郭国庆.市场营销学[M].北京:中国人民大学出版社,2007.
7. 王秀村.市场营销管理[M].北京:北京理工大学出版社,2007.
8. 申纲领.市场营销学[M].北京:电子工业出版社,2012.
9. 黄涌波.市场营销基础[M].上海:上海财经大学出版社,2014.